JN102438

役割が見える、
業務の進め方がわかる

特養・デイサービスの
生活相談員
仕事ハンドブック

梅沢佳裕 著

中央法規

はじめに

　日本はこれまでに類をみない超高齢社会へと突入しました。総務省統計局によると、高齢化率は、2019年9月現在28.4%、75歳以上人口（後期高齢者）は、1848万人（総人口の14.7%）となり、今後も右肩上がりで上昇すると予測されています。つまり、高齢者の分野では、一人ひとりの抱える生活課題から地域福祉課題、介護システムといった福祉政策にかかわる課題まで、広範にわたって早急に解決しなければならない課題が山積しているといえます。自治体がイニシアティブをとり、進められている「地域包括ケアシステム」についても、現在のところ足並みがそろわず、懸念材料も多く見られます。そのような状況のなか、生活相談員には、今後の地域共生社会の進展に向けて、さまざまな関係者と協働する推進力が期待されています。

　また、特別養護老人ホームやデイサービスの運営主体である社会福祉法人の地域との関係もまさに変革の時を迎えています。これからの介護事業所は、高齢者・児童・障害者など、対象者別に運営するのではなく、横断的に連携し、地域の福祉拠点として真の地域共生社会を構築していかなければなりません。その中核的役割を担っているのが生活相談員であり、介護事業所内での役割だけではなく、地域に向けたコミュニティソーシャルワーカーとしての役割に対する期待も高まっています。さらに、近年、想定外の地震や豪雨等により、全国で多くの介護事業所が被災する事態も生じています。生活相談員は、今後も発生する可能性のある災害に備え、これからの時代に即した新たな役割・期待にも応えていかなければなりません。

　生活相談員には、ソーシャルワークの価値を基盤とし、対人援助職に必要な知識・技術・態度を身につけることが求められています。それは一朝一夕に体得できることではないかもしれませんが、目の前の自分の課題を一つひとつ解決する過程でソーシャルワーク専門職にとって大切とされる価値に気づくことができるでしょう。その「道しるべ」として本書を活用していただきたいと思います。

本書は、特別養護老人ホームやデイサービスに勤務する生活相談員はもちろんのこと、これから高齢者分野の生活相談員をめざそうとしている人や学生にも手に取っていただきたい一冊です。

　第1章では、特別養護老人ホームとデイサービスの生活相談員の業務の実態にふれるなかで、多くの生活相談員が抱える課題を明らかにします。第2章では、生活相談員の役割・機能を「利用者・家族に対する生活相談」「事業所における連携・調整」「地域との連携・調整」の三つのカテゴリーに分け、具体的なトラブルの事例を挙げて、その原因を明らかにしつつ、解決に向けた方策を解説します。また、生活相談員の役割・機能に即して、ソーシャルワーク専門職として押さえておきたい基礎知識をまとめました。第3章では、生活相談員の業務ごとに役割や業務の流れ、必要書類、留意点などをまとめ、解説します。

　筆者の調査では、特別養護老人ホームやデイサービスの生活相談員は、ソーシャルワーク専門職としての役割を期待されている一方で、ソーシャルワークとは言い難い業務も多く担っており、自らのアイデンティティを確立するうえでジレンマを抱える人が多数いることがわかりました。一方で、しっかりと役割を発揮している生活相談員に共通する点としては、「業務をルーティンとしてこなすのではなく、ソーシャルワーク専門職である生活相談員がその業務を行うことの意味をとらえていること」が重要であることも明らかになっています。したがって、本書でもこの点に配慮しながら執筆しています。

　本書を参考にしていただき、生活相談員としての役割・機能を十分に発揮してほしいと心から願っています。

2020年7月　梅沢佳裕

目 次

第 2 章 ｜ 事例で読む 生活相談員の役割・機能

第 **3** 章　生活相談員の業務実施マニュアル
─業務の流れと留意点

参考文献

生活相談員とは

　「生活相談員の専門性って何だろう？」おそらく多くの生活相談員が、同じような思いを抱いているのではないでしょうか。看護職や介護職など専門分化された職種と協働するなかで、自分の立ち位置や身につけるべきスキルに迷っている人も少なくないと思います。第1章では、特養・デイサービスの生活相談員の業務の様子をみながら、役割や立ち位置、求められるスキルなどを解説します。第1章の扉を開けて、生活相談員とは何か、一緒に考えていきましょう！

1 生活相談員の業務の実態？

① 特養の新任生活相談員、近藤さんのエピソード

① 近藤さんのとある一日

　近藤さんは、今年、福祉系大学を卒業し、特別養護老人ホーム（以下、特養）「あおぞら荘」の生活相談員になりました。日々、たくさんの仕事をこなそうと一生懸命がんばっていましたが、最近、入職した頃の熱意が少し薄れてきました。近藤さんが就職時に思い描いていた業務と現実とのギャップを感じるようになったからです。

　一方で、生活相談員は、介護の現場では、さまざまな職員と協働し、多岐にわたる業務を行っているということを知りました。

朝の申し送りが終了し、今日の予定を考えていた時のこと…

近藤さん	「午後はハナコさんの娘さんが来られる予定だったなぁ。午前中にハナコさんの近況をケース記録から拾っておこう」
施設長	「近藤さん、この地域関係者との懇談会のレジュメの締め切りが近づいているから、急いで仕上げてくれない？」
近藤さん	「はい、わかりました…。ハナコさんの件は、あとで、あとで！」

しばらくすると介護職員がやって来ました…

介護職員	「近藤さん、1月の誕生会で使うバースデーカードを作るの、手伝ってもらえませんか？　予定通りに仕上げられなかったんです」

近藤さん　「私もいろいろ立て込んでいるんですが…。わかりました。やっておきます」

　　　　　「生活相談員っていろいろな仕事を頼まれるんだなぁ」

お昼休みには…

介護　　　「近藤さん、1月の誕生会も司会よろしくね。1月は新年会もあるから、何
リーダー　かと忙しいわよ」

近藤さん　「また私が司会なんですか。来週のサンタクロース役も私なんですけど…」

介護　　　「こういうのは、若手のほうが盛り上がるのよ。トナカイ役よりいいでしょ
リーダー　う！　ウメさんも楽しみだって言っていたわよ」

近藤さん　「わかりました…」

　　　　　「また断れなかった…。私、生活相談員の業務、全然できていないし、向い
　　　　　てないのかなぁ、この仕事…」

休憩後、利用者の家族からの電話…

事務員　　「近藤さん、ヨシコさんの娘さんからお電話です。請求金額がいきなり値上
　　　　　がりしているのはおかしい、ちゃんと説明してほしいってちょっと怒って
　　　　　らっしゃるご様子で…」

近藤さん　「えっ、怒っているの？　どうしよう…。介護報酬の改定の件は、ちゃんと
　　　　　ご説明したはずなのに…。書面でもご確認いただいたばかりなのになぁ」

	「はい、お電話代わりました。お待たせして申し訳ありません。生活相談員の近藤です。いま、事務の者から話は伺いました。計算が合わないということでしょうか…」
ヨシコさんの娘	「近藤さん、ちょっとおかしいんじゃないですか、この請求書。話が違いますよ。まだ入所して間もないのに、もう値上げってことですか」
近藤さん	「いえいえ、まあ確かに値上げといえば、そうなんですが…。先日、ご説明しましたが、私どもの施設で決めている額ではないんです。この度、介護報酬の改定がありまして…」

ため息をつきながら、ふとエントランスの天井を見上げると…

近藤さん	「あれ、蛍光灯が切れそう…。今日はハナコさんのご家族が来られる予定だから、交換しよう…」

　生活相談員の近藤さんは、特養での業務にかなりとまどっているようです。近藤さんの業務の進め方は、どちらかというと受け身の姿勢になっており、自分が生活相談員として何をすべきなのかという役割や専門性を十分にとらえられていません。生活相談員として、その役割を発揮するためには、もちろん「経験」も必要ですが、何よりも生活相談員に求められている役割や機能、そして基礎知識・スキルの習得が必要です。

② 生活相談員とは何か

　近藤さんは、生活相談員になってから業務をこなすだけの多忙な日々が続いていたため、ここで一度、業務内容を見直すことにしました。そこで自分が行ってきた業務を振り返り、生活相談員として重要だと思う業務とそうは思わない業務を整理してみました。

表1-1 ● 近藤さんが生活相談員として重要だと考えている業務

業務項目	内容（例）
①入所に関する相談	入所の問い合わせ、施設見学対応、入所申込受付、事前面接
②入所・退所の手続き	入所判定会議、入所受け入れ準備、入所契約と手続き、家族面接
③入所中の相談・支援	入所者の状況把握・意向確認、関係機関との情報共有、権利擁護
④ボランティアの受け入れ	ボランティア受け入れ、関係者へのガイダンス、現場との連絡・調整
⑤家族との連絡・調整	家族への定期的連絡、支援内容変更時の同意の連絡、機関紙の発送
⑥サービス担当者会議	日程調整、開催の連絡、施設ケアマネジャーへの情報提供
⑦外部関係者の窓口業務	自治会関係者や民生委員の窓口、認定調査員の対応、指導監査の対応
⑧代行業務	預り金の管理、年金や介護保険関係手続き、健康保険手続き
⑨施設長代行業務	施設長関係者の接客・対応
⑩ショートステイの受け入れ	ショートステイの空床管理、居宅ケアマネジャーとの調整、窓口業務

表1-2 ● 近藤さんが生活相談員の業務なのか疑問を抱いている業務

業務項目	内容（例）
①利用者の郵便物の管理	利用者宛の郵便物の管理・保管、転居手続き
②利用料延滞金の回収	未収金対応、支払計画の作成
③車いすの点検・修理	ブレーキ点検やタイヤの空気入れ、破損個所の修理・依頼
④地域への営業・広報活動	関係機関（包括・社協・行政など）との連携づくり
⑤死亡退所者葬祭の参列	弔電、お花の手配、火葬・葬儀への参列
⑥事務所の窓口	来訪者の対応、電話番
⑦利用者の不在者投票の対応	選挙の際の不在者投票の対応
⑧受診の送迎	利用者の受診の際の車の運転・送迎
⑨介助の手伝い	介護職の行うケアワークの手伝い、介護業務の代行
⑩蛍光灯など備品の交換	施設内設備の小規模破損個所の修繕や備品の交換作業

　近藤さんが思い描いていた生活相談員の仕事は、面談室で利用者や家族の相談を傾聴したり、入退所の説明や手続きなどをしたりするものでした。しかし、実際に特養で勤務し始めてみると、自分が思い描いていたものとはかけ離れた業務も少なからず行う場面がありました。

　「近藤さんが生活相談員の業務なのか疑問を抱いている業務」（表1-2）を見ると、確かに「相談援助業務」とは言い難い業務も含まれているようです。新任の近藤さんにとっては、専門職としてのモチベーションが低下しかねない状況です。

② デイサービスの新任生活相談員、小嶋さんのエピソード

① 小嶋さんのとある一日

　小嶋さんは、新卒でデイサービス「ひだまり」に就職して2年目の生活相談員です。とまどいながらの一年がやっと過ぎました。利用者とかかわることが好きで、利用者の介護を行うことには抵抗はありません。しかし、前任の生活相談員から十分な引き継ぎがないまま業務に携わったため、生活相談員としての業務を行うことができているのか、よくわかりません。「何でも屋」のように思われているのではないかと気になっています。

送迎を終え、今日の予定を確認していたところ…

介護職員	「小嶋さん、ヤスエさんの連絡帳に『食後のお昼寝をさせないでください。夜に寝てくれなくて困っています』って書いてあるんですけど、何か送迎時に聞いていませんか？　みんなちょっと手が離せないので、ヤスエさんの見守りをお願いできますか？　今日も徘徊が…」
小嶋さん	「わかりました。対応します。今日は、午後2時からハナエさんのご自宅でサービス担当者会議があるので、外出します」
介護職員	「えっ、聞いていないですよ。今日はなんか忙しくて…。サービス担当者会議があるなら、申し送りの時に伝えておいてほしかったです」
小嶋さん	「すみません。うっかりしてお伝えしていませんでした…」
介護職員	「最近、利用者宅への訪問や関係者の面会、あと会議とか、ちょっと外出が多くないですか？　小嶋さんだって貴重な人手（介護人材）なんですから、利用者対応を優先できないのでしょうか。一人でもいなくなると結構大変なんですよ」
小嶋さん	「……。すみません。今日はハナエさんの会議なんですけど、前回も欠席してしまって、照会の用紙で対応してもらいました。今日は出席しないと、ハナエさんにも申し訳なくて…」

夕方、管理者に呼ばれました

管理者　「小嶋さん、先月の稼働率を見ただろう？　ここ最近、全体的に稼働率が落ちてきているんだけど、特に火曜日と木曜日…。3か月前にオープンしたあのデイサービス、温泉付きで利用者に評判らしいね。そのせいだろうか…」

小嶋さん　「どうなんでしょう？　でも、キョウコさんのケアマネさんが、利用者からすごく評判がいいって言っていました。「特徴」があるっていいですね。うちは一応、パワーリハビリが特徴ですけど…」

管理者　「小嶋さん、居宅のケアマネさんを回ってPRしてきてくれよ。チラシも見直したほうがいいな。利用者さんには了解を得ておくから、この前のレクの画像を入れてみて」

小嶋さん　「先日も何か所か、新しい居宅のケアマネさんを回ってきたんですけど…。（なんでいつも私なの？　管理者もたまには行ってくれればいいのにっ！）」

　デイサービスの生活相談員である小嶋さんの業務の一部を見てみました。生活相談員の業務は、自分で仕事を組み立てて、事業所の中だけではなく、利用者・家族や外部関係者を交えた検討会議への出席など外出の機会もあります。そして、他職種とも調整しながら、業務を行うためのコツを身につける必要もあります。

生活相談員の業務とは、デイサービスであらかじめ決まっているタイムスケジュールに沿って実践するだけではなく、突発的な業務にも他の業務と調整しながら対応するスキルが必要です。

② 生活相談員とは何か

ある日、小嶋さんの母校である福祉系の大学から研究のためのアンケート依頼が届きました。小嶋さんは、これまでの自分を振り返るよい機会だと思い、アンケートに協力することにしました。このアンケートは、「生活相談員」としての小嶋さんの一日の業務内容について時間経過に沿って記入し、それが生活相談員としての専門性を活かした業務だと思うか否かを答えるというものでした。小嶋さんの回答は次の通りです。

表1-3 ● 小嶋さんの業務内容と業務意識

時間	回答	自分の動き
8:00	○	①出勤し、前日の申し送り関係書類に目を通す
8:30	○	②全職員での朝礼・申し送りに参加
9:00	×	③送迎に出発
9:30	×	④送迎から戻り、バイタル計測、体調伺い
10:00	×	⑤入浴介助（居宅ケアマネジャーから新規利用の打診の電話がかかってくるが、事務職が受け、後ほどの返信とする）
12:00	×	⑥食事の見守り・介助　13:00昼休み
13:45	×	⑦個別機能訓練の見守り・介助
14:45	×	⑧利用者の連絡帳の記入
16:00	×	⑨送迎に出発（家族と情報交換）
17:00	×	⑩介護備品の点検と発注作業
17:30	○	⑪申し送り、カンファレンスの開催、ケース記録の整理
18:00	○	⑫居宅ケアマネジャーに電話連絡、通所介護計画の作成、残務整理

○：相談員の業務だと思う
×：相談員の業務だとは思わない

資料：梅沢佳裕「生活相談員—その役割と仕事力」雲母書房、2011

　小嶋さんが生活相談員の仕事として思い描いていた業務とは異なり、デイサービスでの業務は忙しく、利用者の介助に追われ、サービス提供票の確認や通所介護計画の作成・更新といったデスクワークは、勤務時間外に行うこともありました。また、予定していた業務を行っていても、突発的な訪問があったり、人員不足のため入浴介助などを依頼されたりすることもありました。

　小嶋さんは、このアンケートへの回答を通して、デイサービスの生活相談員には、本来、どのような役割が期待されているのか、また他のデイサービスの生活相談員はどのような立ち位置で業務を行っているのかなど、大きな疑問がわいてきました。そして、小嶋さんもまた、生活相談員として働くモチベーションが低下する危機を迎えてしまいました。

　ここまで近藤さんと小嶋さんの事例を通じて特養やデイサービスの生活相談員の置かれている実態を見てきました。この事例は決してすべての生活相談員の状況を表しているわけではありませんが、生活相談員像の一端であることは間違いありません。生活相談員とは、どのような役割を担う専門職であり、また同じチームメンバーである看護師や介護職員など他職種とはどのように連携していけばよいのか、確認していきましょう。

2 生活相談員の役割

　生活相談員は、特養やデイサービスなどの生活型施設への必置義務がある相談援助の専門職です。生活相談員はソーシャルワーク専門職ですが、対象となる利用者が高齢者なので、特に高齢者の特性を考慮する必要があること、また生きづらさや生活のしづらさといった生活課題に向き合うことが多いなどの特徴があります。

　ここでは、はじめて生活相談員になった人、あるいは生活相談員をめざしている学生の立場に立って、介護事業所の「生活相談員」は、どのようなソーシャルワークの価値と知識・技術・態度を身につける必要があるのか、また、どのような役割を期待されているのかなど、ソーシャルワーク専門職としての土台となる役割・機能について見ていくことにしましょう。

1 対人援助の基礎知識

　「対人援助の基礎知識」についてふれる前に、ソーシャルワークの価値と知識・技術・態度について解説しておきましょう。

　価値とは、「物事の役に立つ性質・程度。個人の好悪とは無関係に、誰もが「よい」として承認すべき普遍的な性質。真・善・美など」とされます[*1]。生活相談員にとっての価値とは、ソーシャルワーカーとしての専門性を身につけた人間性のことです。ソーシャルワークの価値は、利用者本位の対人援助であり、利用者の最善の利益を追求することです。そして、その価値を基盤として支援を展開するうえで必要となるのが、知識・技術・態度です。

　「知識」とは、生活相談員が業務を行ううえで必要となるものです。それは福祉の知識だけではなく、医療・介護・制度のほか、その時々で必要となるあらゆる分野に及びます。学び得た知識は、利用者や多職種との相互関係のなかで、利用者本位の支援を展開するために活かします。「技術」とは、利用者のニーズの解決に向けて、知識を効果的に活用し、働きかける術のことです。そして「態度」とは、利

＊1　「広辞苑 第7版」岩波書店

用者の立場に立ち、相手の感情を受容し、コミュニケーションを図りながら、伴走者としてそばに寄り添う姿勢のことです。

　生活相談員も一人の「人」ですが、業務を行う際は、一個人としてではなく、ソーシャルワークの価値を基盤とした専門職として、看護師や介護職員などの他職種とともに業務を行います。「価値」は、知識・技術・態度と横並びにあるのではなく、価値という土台の上に、知識・技術・態度があります。つまりどんなにたくさんの知識や技術（道具）があっても、道具の使い方を誤ってしまうと、よい仕事（利用者本位の支援）はできません。生活相談員には、ソーシャルワークの価値を大切にし、それを基盤とした専門性があることを意識する必要があります。

　では、具体的な「対人援助の基礎知識」を見ていきましょう。

① 利用者本位

　特養やデイサービスなどの介護事業所では、多数の専門職が連携し、利用者の介護を行っています。看護師や介護職員は、もちろん「専門職」ですが、同時に個性を持ち合わせた「人」であることには変わりません。当初は、「利用者の気持ちに寄り添って…」と考えて業務を行っていても、忙しい日々を送っているうちに、いつの間にか自分の業務が効率的に終えられるように考えてしまうこともあります。特に、利用者への対応が立て込んでくると、イライラした感情が態度に出てしまいがちです。

　介護保険制度の基本的な考え方として、「自立支援」や「利用者本位」があります。

表1-4 ● 介護保険制度の基本的な考え方

●自立支援 ………	単に介護を要する高齢者の身の回りの世話をするということを超えて、高齢者の自立を支援することを理念としている
●利用者本位 ……	利用者の選択により、多様な主体から保健医療サービス、福祉サービスを総合的に受けられる制度にしている
●社会保険方式 …	給付と負担の関係が明確な社会保険方式を採用している

出典：厚生労働省資料

「利用者本位」とは、自己選択・自己決定、つまり自分で自分の生活について支援方法や必要なサービス内容を選び、自分がどのように生活するのかを決める、ということです。そこで、生活相談員には、「利用者の伴走者」としての役割が求められます。

　自己選択・自己決定を表面的に解釈してしまうと、「自分で決めてください」「自分で決めたんでしょう？」という「自己責任」を突き付けたような関係になってしまう可能性があります。確かに利用者のなかにはさまざまなことを要求してくる人もいますが、生活相談員の基本姿勢としては、利用者の最善の利益（ベスト・インタレスト）を検討します。自分の価値を優先するのではなく、できる限り利用者の価値を優先することを考えて業務を展開しましょう。生活相談員がソーシャルワーク専門職であることの所以は、そこにあります。

② 自己覚知

　人は、自分の内面に「自己理解」についての四つの窓（側面）をもっているといわれています。子どもは成長の過程で自我に目覚め、自己と他者との違いに気づきます。自分の性格や気持ち、そして思考の傾向を知ることは、他人を理解するためにも重要です。「ジョハリの四つの窓」は、「私」の内面には知っている部分もあれば、知らない部分もあるということをわかりやすく説いている対人援助者にはとても重要な考え方です。「盲点の窓」である「自分では気づいていない私」を自己覚知することが大切です。

図1-1 ● ジョハリの四つの窓

Ⅰ. 開放の窓	Ⅱ. 盲点の窓
自分が知っている「私」 他人も知っている「私」	自分は気づいていない「私」 他人は知っている「私」
Ⅲ. 秘密の窓	Ⅳ. 未知の窓
自分は知っている「私」 他人には知られていない「私」	自分もまだ知らない「私」 他人もまだ知らない「私」

　生活相談員が行う対人援助業務では、さまざまな利用者と向き合い、相手を受容し、共感することが求められます。利用者を理解する過程で、生活相談員自身の価

値観や偏見で相手を見ることのないようにしなければ、真に相手をとらえることはできません。そこで、自分の考え方の傾向、受入れ難い考え方や状況などを日頃からしっかりと把握し、相談援助の際に抱いてしまう感情を冷静に意識しながら、かかわっていくことが重要になります。ふだん自分の性格や思考傾向を見つめ直す機会は、そう多くはないでしょう。生活相談員は、自分自身の価値観を優先して相手を評価するのではなく、ソーシャルワーク専門職としての価値を基盤として利用者を理解するようにしましょう。

　例えば、きれい好きな生活相談員が、利用者の部屋に入ると、綿ボコリがひどく、部屋全体が雑然と散らかっていたとします。棚の上には、鼻をかんだティッシュペーパーが山積みになっています。それを「ゴミ」とみなすか、「利用者が何らかの意思で置いているもの」と解釈するかは、生活相談員の意識の向け方によります。自分自身の価値観を一度、排除し、相手の価値をありのままに受け入れることが大切です。これは、実践してみると意外と難しいことがわかります。

　また自己覚知は、自分自身と改めて向き合う（対峙する）ことで、自分を客観視したり、俯瞰的にとらえたりするきっかけになります。外（他者）から見た自分とは、どのような人間なのかを認知する思考を「メタ認知」ともいいます。客観的に自分をとらえられることはソーシャルワーク専門職として、とても大切な力です。利用者との相談場面などを振り返って、内省する際にもこれらの力は必要です。

③ 傾聴

　生活相談員の業務の多くは、他人と向き合う対人援助です。その業務を行うためには、利用者や家族の想いを聴くこと（傾聴）が何より大切です。人の話を「聴く」ことくらい誰にでも容易にできると思う人もいるでしょう。しかし、「傾聴」とは、ただ人の話を聴くということではありません。

　人にはそれぞれの価値観があるため、時には自分の考え方とは真逆の内容を告げられることもあるでしょう。そこであなたがもし、相手を批判したり、否定したりするような態度を見せれば、そこで会話は途切れてしまうでしょう。「傾聴」とは、耳だけでなく、目、身体（姿勢）、心（意識）を相手に傾け、相手が話していることを真摯な姿勢で受け止めることをいいます。利用者や家族と信頼関係を形成するために大切な対人援助スキルです。

④ 受容と共感的理解

　受容とは「受け止める」ことです。利用者・家族は長い人生のなかで、さまざまな体験を重ね、それぞれの価値観やライフスタイルを背景とした独自のパーソナリティをもっています。「受容」とは、性格の強さ・弱さ、できること・できないこと、好ましい言動や行動・好ましくない言動や行動など、それらすべてについてありのままの姿を受け止めようとする姿勢です。

　自分の理にかなった納得できる言動や行動であれば、それは容易に受け止めることができるでしょう。しかし、逸脱しているように見える態度や自分としては納得できない言動や行動を受け止めることは、まるでその言動や行動を容認するかのようで、意外と難しいことではないでしょうか。利用者・家族の尊厳を守り、利用者に対する敬意をもって向き合い、相手を真に理解しようとする姿勢が、「受容」といえます。

　共感的理解とは、利用者が嬉しそうにしている時は共に喜び、利用者が悲しそうにしている時は共に悲しむというように、相手の感情を受け止めて同調することです。生活相談員は利用者がこれまでの生活を振り返り、辛い経験や生きづらさなどを吐露したとき、相手が抱く感情を自分のことのように、あるいは自分に置き換えてみるなどして、相手をより深く理解しようとします。これが共感的理解であり、利用者・家族にとっては、自身の辛い心情をわかろうとしてくれる生活相談員の姿勢に、「この人になら、内に秘めた思いを語ってみてもよいかもしれない」と感じてくれることもあります。受容・共感的理解は、生活相談員が利用者や家族とコミュニケーションを図るうえで基礎となる対人援助スキルです。

⑤ ソーシャルワーク専門職のグローバル定義

　ここで「ソーシャルワーク専門職のグローバル定義」についてふれておきます。

　ソーシャルワーク専門職のグローバル定義とは、国際ソーシャルワーカー連盟（IFSW）が定めたもので、全世界からソーシャルワーカーの団体が加盟して、議論を積み重ねて定められており、ソーシャルワーク専門職の国際的な定義といえるものです。全文はとても長いので、生活相談員にとって重要だと思われる部分を抜粋して紹介しましょう。

表1-5 ● ソーシャルワーク専門職のグローバル定義（一部抜粋）

ソーシャルワークは、社会変革と社会開発、社会的結束、および人々のエンパワメントと解放を促進する、実践に基づいた専門職であり学問である。社会正義、人権、集団的責任、および多様性尊重の諸原理は、ソーシャルワークの中核をなす。ソーシャルワークの理論、社会科学、人文学、および地域・民族固有の知を基盤として、ソーシャルワークは、生活課題に取り組みウェルビーイングを高めるよう、人々やさまざまな構造に働きかける。

このなかで、「ソーシャルワークは（中略）、実践に基づいた専門職であり学問である」という一文があります。とかく介護現場では、人員不足により業務に追われていることから、目の前の利用者への対応方法（ハウツー）に焦点化しすぎる傾向があります。目の前の利用者への対応方法はもちろん重要ですが、それと同時に他の利用者に対しても普遍化した方法に変換して考えてみるなど、生活相談員には、介護現場から少し距離を置き、客観視できる視点も必要です。

介護現場での実践を通して経験的に学び、その実践を内省しつつ気づきを得る。それをまたその先の実践で改善し、活かしていく。この積み重ねがソーシャルワークであるということです。実践のみでも、机上論のみでも偏りがあります。実践と学問は車の両輪のようなものなのです。

先の定義の「実践」の項目には、次のような一文があります。

ソーシャルワークは、できる限り、「人々のために」ではなく、「人々とともに」働くという考え方をとる。

この一文からは、生活相談員が、一人で利用者の何かを解決できるということではなく、またソーシャルワークは、生活相談員が利用者に一方向的に行うことで解決させるというものでもないことがわかります。つまり、利用者自身がエンパワメント（P46参照）をしつつ、自らも支援者とともに解決に向けて歩むことが大切であり、また生活相談員は利用者に寄り添い、伴走者として利用者の立場に立ってかかわることの大切さが示されています。

② 生活相談員に期待される役割と機能

　特養やデイサービスなどの介護事業所において生活相談員が行う業務は多岐にわたり、その内容は事業所ごとに異なるなど、「生活相談員の業務」として、統一されたものがあるわけではありません。そこでまず、生活相談員の役割と機能について、法的位置づけを確認してみましょう。

　生活相談員の任用要件は、社会福祉主事任用資格、社会福祉士、精神保健福祉士をはじめ、各規定の大学や養成機関を修了した者とされています。また、自治体によって介護支援専門員、介護福祉士のほか、社会福祉事業に一定期間従事した者も同等以上の能力を有すると認められており、「生活相談員」といっても、さまざまな経験・背景の人が特養やデイサービスの生活相談員として勤務しています。

　したがって、生活相談員になるまでのソーシャルワーク教育にはばらつきがあり、利用者支援に対する考え方や日常の業務に向き合う姿勢などが「統一されている」とは言い難い状況があります。

① 介護保険制度と生活相談員の役割

　生活相談員の業務は、利用者の面接相談・利用契約から始まり、サービス担当者会議への参加、サービス利用中の生活相談、家族との情報共有や意向の伝達、地域との連携・調整、リスクマネジメント、苦情解決、ボランティアの受け入れや実習生への指導など、さまざまです。これらの業務は、生活相談員の中核業務と位置づけられていますが、介護保険制度の導入以降は、ケアプラン作成への助言や協力、看取りにかかわる利用者・家族の意思決定に関する相談支援、サービスの質の向上に向けた取り組み、成年後見制度の利用に関する支援、個人情報保護、第三者評価への対応なども業務として含まれるようになりました。

　生活相談員に期待されている業務内容は、制度改正や社会の求めに応じて今後も変化し、拡大していくことも考えられますので、制度改正や介護報酬改定などの動向には注意しておく必要があります。

② 生活相談員に必要なソーシャルワーク機能

　ソーシャルワーク専門職の機能については、さまざまな文献で諸説述べられていますが、そのなかで、「社会福祉士の機能」について示されたものを紹介します。

表1-6 ● 社会福祉士のソーシャルワーク機能

ミクロレベル	側面的援助機能、代弁機能、直接支援機能、教育・指導機能、保護機能、仲介機能、調停機能、ケア（ケース）マネジメント機能
メゾレベル	管理・運営機能、スーパービジョン機能、ネットワーキング（連携）機能
マクロレベル	代弁・社会改革機能、組織化機能、調査・計画機能

出典：公益社団法人日本社会福祉士会「ソーシャルワーク専門職である社会福祉士のソーシャルワーク機能の実態把握と課題分析に関する調査研究事業」報告書、p36、厚生労働省 平成30年度 生活困窮者就労準備支援事業費等補助金 社会福祉推進事業、2019年

　ソーシャルワーク専門職は、それぞれの実践現場に応じて、業務内容や主として発揮する機能が異なります。特養やデイサービスなどの生活相談員は、主に利用者の生活課題の解決に向けた支援を行うため、その領域特有の機能も求められます。さまざまな文献や生活相談員の経験をふまえると、介護事業所の生活相談員に必要なソーシャルワーク機能は次の10項目に整理することができます。

表1-7 ● 介護事業所の生活相談員に必要なソーシャルワーク機能

① 意思決定の支援機能　　　⑥ サービスの質のチェック機能
② 擁護的支援機能　　　　　⑦ 事業所の運営管理機能
③ 代弁機能　　　　　　　　⑧ 危機管理機能
④ 連携・調整機能　　　　　⑨ ソーシャルサポートネットワーク機能
⑤ 情報の集約・提供機能　　⑩ 地域連携・調整機能

① 意思決定の支援機能（ミクロレベル）

　利用者本位のサービス提供を行うため、利用者が自ら意思を決定し、選択することを促すための支援機能です。

　要介護高齢者のなかには、自分の意思を適切に相手に伝えることが困難な人もいます。また生きづらさを抱えていても、自ら解決する方法を見出すことができず、パワーレスに陥っている人もいます。生活相談員には、そのような利用者に不利益が生じないよう、共感的理解を図り、自らの意志決定を後押しする役割があります。

② 擁護的支援機能（ミクロレベル）

　利用者の人権侵害に及ぶ危険を回避するとともに、すでに侵害されている権利を回復・擁護する機能です。要支援・要介護状態になることで、本来は当たり前のこととして尊重される人権や権利が侵されてしまうことがあります。介護事業所では、「介護者－被介護者」という関係性から、とかく利用者は社会的弱者として権威的なかかわりによって「管理」されてしまう傾向があります。専門職として、特に意識をしていなければ、そのような事態は起こり得るのです。生活相談員には、利用者に最も身近な擁護者として、当事者視点に立った支援を行う役割があります。

③ 代弁機能（ミクロレベル）

　利用者が家族などに自分の気持ちを伝えることができない状況において、利用者に代わって意向や想いを伝えることで、互いの意思を共有し、家族としての絆や連帯感、親子や夫婦、兄弟などの理解や受容などにつなげる機能です。

　生活相談員には、さまざまな理由で意思の疎通が困難となった利用者と家族間、または利用者・家族と介護現場などの間に立ち、かかわりのなかから知り得た意向や想いを本人に代わって相手に伝えるという役割があります。この役割は、障害や認知症などによりコミュニケーション機能が低下した利用者の権利擁護（アドボカシー）でもあります。

④ 連携・調整機能（メゾレベル）

　利用者が抱えるさまざまな課題に対して、利用者とその周辺にどのような問題が生じているのか、利用者のニーズを探り、関係者を巻き込みながら支援の道筋を検討していく機能です。

　生きづらさや生活のしづらさを抱えている利用者は、利用者自身と生活環境との間にさまざまな問題が発生し、それが摩擦となって生活上の問題や対人トラブルなどに発展していることもあります。ひとことで連携・調整といっても、さまざまな関係者、物、場所、環境などの調整が考えられます。生活相談員には、パワーレスの状態にある利用者自身が潜在的に持ち合わせているエンパワメント（自助力）を引き出しながら問題解決に向けて、一歩を踏み出すことができるよう、関係者との連携（ネットワーキング）と調整（コーディネート）を行う役割があります。

⑤ 情報の収集・提供機能（メゾレベル）

　情報の収集・提供機能とは、さまざまな情報を意図的に集め、統合化を図り、必要とする関係者に伝えていく機能です。

　介護事業所では利用者や家族についてのさまざまな個人情報を取り扱っていますが、各専門職は、これらの情報を利用者一人ひとりの健康状態や生活機能を考慮した支援を行うために活用しています。また、関係する他機関や他職種に提供し、そこからまた新たな情報を得るなど、情報共有を図ることで、連携しています。生活相談員には、さまざまな情報を意図的に収集し、適切なタイミングで、必要な相手に提供する役割があります。

⑥ サービスの質のチェック機能（メゾ・マクロレベル）

　介護事業所のサービスの質をチェックする機能です。

　特養やデイサービスには、事業体として利用者へのサービスの質の向上に取り組むことが求められています。介護保険制度では、介護事業所は利用者から選択される立場であり、また、利用者擁護の観点からも、コンプライアンス（法令遵守）やサービスの質の向上を図ることが必要です。生活相談員には、事業所のサービスの質を厳しくチェックし、質の向上に向けて働きかける役割があります。

⑦ 事業所の運営管理機能（メゾレベル）

　事業所の運営管理機能とは、各部署に横断的にかかわり、事業所の運営者（管理者）側と現場スタッフ側との橋渡し役となり総括的に事業所運営に携わるジェネラリストとしての機能です。介護事業所には多数の専門職が勤務し、複数の組織体系で運営しています。それぞれがまったく違う方向性で業務を進めると事業所の方針が徹底されず、組織としての結束を図ることができません。

　生活相談員には、中間的管理職（ミドルマネジャー）という立ち位置で、事業所の運営面の重要事項を現場職員に伝えたり、また現場の状況を運営者側に報告・相談するなかで、運営管理のかじ取りを行ったりする役割（ソーシャルアドミニストレーション）があります。

⑧ 危機管理機能（メゾレベル）

　介護事業所のリスクを把握し、危機管理（リスクマネジメント）を行う機能です。介護現場には、思いもよらないリスクが潜んでいます。人が人を介護するという性格上、さまざまなヒューマンエラーが考えられます。どんなに気をつけていてもリスクをゼロにすることは難しいので、介護事故は発生するものと考え、いかに回避策を講じるかに主眼を置き、リスクマネジメントに取り組みます。また発生してしまった事故や事故につながりかねない「ヒヤリ・ハット」についても再発防止策を立てることが大切です。

　生活相談員には、介護事業所のリスクを把握し、率先して、事故予防に取り組む役割があります。

⑨ ソーシャルサポートネットワーク機能（マクロレベル）

　ソーシャルサポートネットワーク機能とは、利用者に必要な社会資源を結び付けていくことで、多面的な支援を新たに創出し、利用者の自助力を活かした課題の解決につなげていく機能です。

　生活相談員は、職場での役職や立場によって、行う業務が異なります。また、業務によって、対象が利用者（ミクロ）ということもあれば、地域住民（メゾ）ということもあります。それぞれの立場で行う業務は異なりますが、支援展開の基盤（基礎）となる価値・知識・技術は共通しています。生活相談員には、ソーシャルワーク専門職としてのネットワーク力を駆使し、フォーマルサポートのみなら

ず、インフォーマルサポートの活用も視野に入れた支援を行っていく役割があります。

⑩ 地域連携・調整機能（マクロレベル）

　地域連携・調整機能とは、地域の特性やニーズをアセスメントし、地域の関係者と「顔の見える関係」を築く機能です。特養やデイサービスを運営する社会福祉法人には、地域に対して公益的な取り組みを行うことが求められています。これを地域貢献事業といいますが、介護事業所が拠点としている地域の特性やニーズを把握し、それらをふまえた取り組みを行うことが大切です。

　また、特養やデイサービスは、地域の福祉拠点として、豪雨や地震災害などの際には地域の他の福祉関係施設などと制度を超えた連携を図る必要があります。生活相談員には、地域に対する窓口として日頃から地域の関係機関と連絡を取り合い、関係づくりを進める役割があります。これは、地域包括ケアシステムの構築に伴い、新たに期待されている重要な役割といえます。

　これら10の機能の詳細は、第2章で事例とともに解説していきます。

3 介護事業所のなかでの生活相談員の立ち位置

1 生活相談員の立ち位置

ソーシャルワークとは「人」（利用者）と「環境」（生活環境）の接点に介入し、両者の間にある「障壁」を取り除き、問題解決を図るための支援ということができます。つまり、特養やデイサービスの生活相談員の役割は、生活者としての利用者の多種多様なニーズに向き合い、課題を明確にし、介護現場の多職種と連携を図りながら意図的なケアを提供できるように働きかけていくことにあります。同時に、生活相談員自身も、他職種と連携を図りながら、直接的・間接的に利用者や家族にかかわります。

① 生活相談員の専門性

生活相談員の業務は、利用者や家族にかかわる援助から地域関係者とのかかわりまで、多岐にわたります。また、事業所の窓口業務、事務的な業務、その他庶務なども含むさまざまな業務を担っていることも多いでしょう。その立ち位置は、所属する事業所や生活相談員個人の特性によりばらつきもあり、それが生活相談員の業務として正しいのか否かを評価するのは、簡単なことではありません。

生活相談員はソーシャルワーク専門職として、相談援助などのソーシャルワークを担うことが求められています。しかし、だからといって生活支援を業務とする特養やデイサービスにおいて、「相談援助だけを行う」「介護業務にはかかわらない」「介護現場には出向かない」という姿勢では、現実の利用者の状態像を的確にとらえた支援を行うことはできません。また、利用者の日常生活を支えている介護職や看護職との密接な情報共有などの連携も必須となってきます。

介護事業所の専門職には、大きく二つの立ち位置があります。一つは、「広範囲にさまざまな知識・技術・経験をもつ専門職」（ジェネラリスト）であり、もう一つは「特定の分野に深い知識・優れた技術をもつ専門職」（スペシャリスト）です。図1-2に示すように、看護師や介護福祉士、理学療法士や作業療法士、管理栄養士などは、「スペシャリスト」という立ち位置の専門職です。これに対して、特養やデイサービスの生活相談員は「ジェネラリスト」という立ち位置の専門職です。

施設ケアマネジャーは、どちらかというとスペシャリストの動きをしており、居

宅ケアマネジャーはジェネラリストの動きをしています。生活相談員は他職種に横断的にかかわり、また業務にも一部介入して、協働で実践する専門職なのです。

図1-2 ● 介護事業所の専門職

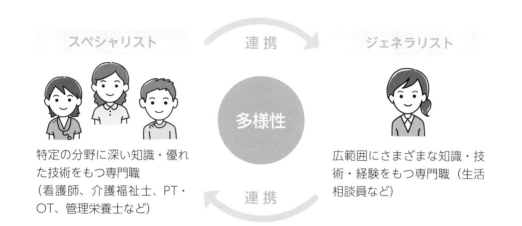

スペシャリスト　　連携　　ジェネラリスト

多様性

連携

特定の分野に深い知識・優れた技術をもつ専門職
（看護師、介護福祉士、PT・OT、管理栄養士など）

広範囲にさまざまな知識・技術・経験をもつ専門職（生活相談員など）

図1-3 ● ジェネラリストとしての生活相談員の立ち位置

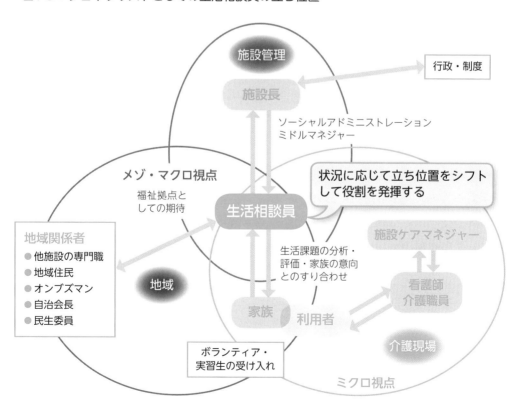

施設管理

行政・制度

施設長

ソーシャルアドミニストレーション
ミドルマネジャー

メゾ・マクロ視点

福祉拠点としての期待

生活相談員

状況に応じて立ち位置をシフトして役割を発揮する

施設ケアマネジャー

地域関係者
● 他施設の専門職
● 地域住民
● オンブズマン
● 自治会長
● 民生委員

地域

生活課題の分析・評価・家族の意向とのすり合わせ

看護師
介護職員

家族　　利用者

介護現場

ボランティア・実習生の受け入れ

ミクロ視点

第1章　生活相談員とは

図1-3に示すように、生活相談員の業務の「場」は、「介護現場」「地域」「施設管理」となります。それぞれについて状況を把握できるところに位置し、働きかけを行いますが、状況に応じて「ミドルマネジャー」としての役割も期待されます。ミドルマネジャーといえば、主任や係長などの管理的な役職になることで、部署全体の統括業務を担うのが一般的ですが、ソーシャルワーク専門職には、事業所の運営管理機能（ソーシャルアドミニストレーション）が求められます。つまり、生活相談員は、新任であっても事業所全体の業務の流れ、動きを把握し、施設長などの管理者から示された指針を現場に伝え、徹底を図っていくミドルマネジャーという立ち位置も担う場合があります。

② ミクロ・メゾ・マクロ領域での業務のとらえ方

　図1-4に示す通り、生活相談員がかかわる領域は、大きく「ミクロ」「メゾ」「マクロ」の三つにわけることができます。生活相談員には、「ジェネラリスト」として、特養やデイサービスの内部を見る視点と、広く地域を見る視点が必要になりますが、「ミクロ視点」としては、利用者ニーズの把握、利用者・家族など当事者の意向を介護現場に伝え、また現場の考えを本人・家族に伝えるなどの代弁機能、事業所内の多職種連携などが挙げられます。

　「メゾ視点」としては、利用者ニーズに即して必要な社会資源を調整したり、開拓したりすること、家族への情報提供や合意形成などがあります。「マクロ視点」としては、制度改正などの情報収集やコンプライアンス（法令遵守）、地域関係機関などとの連携、地域の福祉拠点として関係者や住民との協力体制づくりや組織化などが考えられます。

　繰り返しになりますが、生活相談員は、相手との関係性や状況によって立ち位置を変えながら、事業所内外との関係づくりを積極的に行う専門職です。「ミクロ」「メゾ」「マクロ」の各領域に介入しながら、ソーシャルワークを展開していくことが、生活相談員の専門性ということができます。

図1-4 ● 各領域における生活相談員の業務

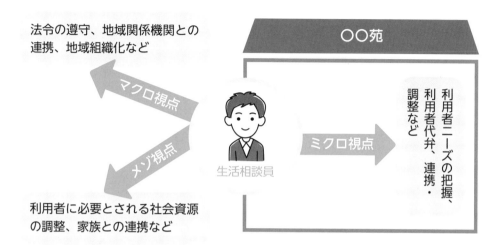

法令の遵守、地域関係機関との
連携、地域組織化など

マクロ視点

メゾ視点

利用者に必要とされる社会資源
の調整、家族との連携など

〇〇苑

生活相談員

ミクロ視点

利用者ニーズの把握、
利用者代弁、連携・
調整など

③ 生活相談員の業務を他職種に理解してもらうには？

　最近では、利用者の重度化・多様化に加え、家族が課題を抱えている場合も増え、生活相談員には、地域のあらゆる社会資源を巻き込んだグローバルな「ソーシャルサポートネットワーク機能」が期待されています。

　そのようななか、本来、役割を発揮すべき業務に十分に専念できていないと感じている生活相談員の声も聞こえてきます。他職種に対して生活相談員の専門性を理解してもらうことは、大きな課題といえるでしょう。多職種連携とは、互いに相手の専門性を理解し、情報提供を行ったり、利用者の支援を要請したりすることです。他の専門職から見て、生活相談員の専門性が理解できず、仮に「何でも屋」というイメージでさまざまな依頼をしているとすれば、生活相談員としての本来業務は後回しとなり、結果として利用者・家族、事業所にとってもマイナスの影響を与えてしまうことになります。多職種連携とは、事業所としての業務分掌を明らかにしつつ、専門職が互いの専門性や役割を理解し、サポートし合い、業務を遂行することであり、有機的な多職種連携の構築には、「専門性の理解」が不可欠といえます。

　他職種に生活相談員の専門性や役割を理解してもらうには、まず、生活相談員自身が、自らの専門性や役割についてきちんと理解することが大切です。「役割を発揮している生活相談員」に共通することとして、「外部の研修等へ参加し、他事業

所の生活相談員の実情を知る機会がある」ということがあります[2]。つまり、この課題を解決するためには、自らが実践している一つひとつの業務の目的を理解し、説明できる必要があり、それが役割を発揮するための土台づくりの一つと考えることもできます。

図1-5 ● 「役割の発揮」を阻害する要因

労働環境に存在する要因
- 事業所の方針や仕組みによる弊害
- 制度の位置づけの不備

自分に内在する要因
- 相談員自身の
スキルアップ
不足

生活相談員

- 他職種の生活相談員に
対する理解不足

＊2　梅沢佳裕「特別養護老人ホーム生活相談員のアイデンティティ獲得におけるメカニズムについての一考察」2015

生活相談員と他職種（介護現場）、利用者・家族との関係性

　生活相談員は、「ミクロ」「メゾ」「マクロ」の各領域で業務を展開する対人援助職です。支援を展開するには、利用者・家族、そして職場の他職種との関係性が重要です。この「関係性」は、たとえ同じ相手であっても、さまざまに変化させる必要があります。大きく4通りに分けることができます。

　一つ目は、三者が共につながり合っている基本的な関係です。互いに意向や情報を共有し、信頼関係を形成しながら関係性を築いています。生活相談員は介護現場に対しても、利用者・家族に対しても積極的にかかわります。介護職員と利用者・家族とのかかわりも直接的に行われていることから、介護職からの詳細な報告を受けるなどして、情報共有を図っておくことも大切です。

図1-6 ● 基本形：三者が共につながり合う

　二つ目は介護現場と利用者・家族との間に生活相談員が介入している関係性です。これは現場の介護職員に代わって、生活相談員が利用者・家族から支援方針の同意を得たり、利用者・家族の意向などを介護現場に伝えるなどの代弁や情報提供を行い、説明責任（アカウンタビリティ）を果たすような状況です。

図1-7 ● 生活相談員が間に入る

　三つ目は、利用者・家族と向き合う現場の介護職員を生活相談員が後方からバックアップするという関係性です。もちろん生活相談員自身も利用者・家族との関係

性を築いていますが、状況によって、後方から介護職に助言し、また介護職が前面に出てかかわることができるように、陰から支えます。

例えばターミナルケアでのかかわりや最期のお別れに際しては、これまで日々の信頼関係を重ねてきた介護職が（影の）主役となる時ではないかと思います。生活相談員は、連絡・調整などの機能を果たしながら、介護職と利用者・家族との関係性を大切にし、バックアップを行います。

図1-8 ● 介護現場を後方から支える

四つ目は、生活相談員と利用者・家族とが向き合った二者の関係性です。利用者や家族にとって、介護事業所の職員は、日常生活を送るうえで非常に重要な他者です。さまざまな専門職が接するなかで、生活相談員との関係は、入所・利用当時から積み重ねられた特別な関係性といっても過言ではありません。生活相談員は、利用者を擁護する立場にあるため、さまざまな相談に、当事者目線で共感的理解を示しながらかかわります。そのような関係性だからこそ他者には話すことのできない話をしてくれることもあります。その情報については、生活相談員を信用して話してくれていることから、慎重に取り扱う必要があります。

図1-9 ● 生活相談員と利用者・家族の二者関係

4 求められる五つの視点、五つの力

　特養やデイサービスなど、介護事業所の生活相談員は、高齢者の生きづらさや生活のしづらさなどの課題について、利用者を「主体者」としてソーシャルワークを展開することで、よりよい生活に向けて支援を行う専門職です。ここでは、介護事業所における生活相談員に期待されているソーシャルワーク機能をふまえ、その基礎となる五つの視点と五つの力について解説します。

生活相談員の基礎となるソーシャルワークの五つの視点

① 全体性の視点

> 利用者に顕在化している問題や課題のみを直視するのではなく、これまで長い人生を送ってきた「人」としての利用者をありのままに理解しようとする視点

　介護事業所の職員が利用者と出会うのは、利用者が要支援・要介護状態となり、何らかの支援を必要とする状態になってからです。また、介護事業所の職員は、利用者を支援する専門職です。なかでも生活相談員は、利用者のニーズを把握して、他職種に適切に伝える役割があるため、どうしても「必要な支援は何か」に焦点化した観察を行ってしまいます。しかし利用者は、これまで紆余曲折を経て、自身の人生を歩んできたひとりの「人」です。いわゆるADL（日常生活動作）や疾病、障害などの側面的な情報ではなく、まず、その人の生活歴や"人生史"にふれることで、一人ひとりの利用者の「全体像」を具体化していく必要があります。

　「全体性の視点」とは、出生から現時点までの人生・生活を歳月・時間軸でとらえ、出生・学童期・青年期・就業・婚姻・子どもの出生・配偶者との別れ・老後生活などを、その時々の時代背景とともに把握することです。またその時々での家族や親類縁者との関係性やその時代のエピソードなどもわかる範囲で把握します。自宅を訪問した際に、利用者のアルバムなどを見せてもらうと、重度化したり、認知症になったりしている目の前の利用者と、写真の中で凛とした表情で写っている利用者

を重ねて理解することができます。

　生活相談員は、ソーシャルワーク専門職に必要な「全体性の視点」で、利用者の全体像をありのままに理解することが大切です。

図1-10 ● 全体性の視点【All of life】

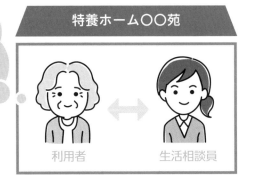

利用者を理解するということは、その人の背景を含めて知るということ

私にも、大切にしているものがあるのよ。家族、思い出、故郷、地域とのつながり…。

特養ホーム〇〇苑

利用者　　　　　生活相談員

② 主体性の視点

　利用者一人ひとりには、意思（意志）があり、それに従って生活することが当たり前であると考え、利用者を理解しようとする視点

　「利用者の主体性」と聞いて、どのようなことをイメージしますか。多くの人は、利用者が自ら「〇〇に行きたい」「〇〇を食べたい」など自分の気持ちを発信することと考えるのではないでしょうか。

　確かに自分の意思や希望を積極的に他者に伝えることができる人は、主体性があるといえるかもしれません。それでは、重度のコミュニケーション障害や認知症のある利用者など、自分で意思や希望を相手に伝えることが困難な利用者は「主体性がない」ということになるのでしょうか。決してそうではありません。重度のコミュニケーション障害や認知症のある利用者であっても、当然、意思や希望があります。ただ、それを他者に伝えることが困難なのです。利用者の主体性を理解しようとするときは、一般的に理解される「主体性」のとらえ方ではなく、要介護者である利用者の特性を前提とした理解が必要となります。

どのような状態の利用者であっても、意思や考え、希望があり、それをいかに理解しようと努力するかがソーシャルワーク専門職にとって大切な視点です。すべての人は、一人ひとりが「人生の主体者」です。自ら伝えることが困難でも、内に秘めた意思に気づき、その存在を意識してかかわることが対人援助の原点です。

図1-11 ● 主体性の視点【independence】

第1章　生活相談員とは

③ 個別性の視点

利用者は、それぞれ固有の「人」としてとらえ、その「人」の価値を大切にしたかかわり方を考える視点

誰でも、人付き合いにおいて好きなタイプの人、苦手なタイプの人などがいると思います。人は相手と付き合うなかで、その人の傾向を自分なりにとらえ、自分はその相手とどのようにかかわるのか、またかかわらないようにするのかなどを判断するための"ものさし"をもっています。その"ものさし"は、個人差が大きいので、利用者の見方やとらえ方にも影響します。

「個別性の理解」とは、利用者の「固有性」を理解することです。『大辞林』（三省堂）によると、固有性とは「あるものにもともと備わっている性質。そのものだけにあり、それによって他と区別されるような性質をいう」とあります。つまり、目の前の利用者をありのままにとらえ、利用者の価値（観）を大切にして、相手を理解をしようとすることが、「個別性」をとらえた視点につながります。

業務が立て込んでくると、つい自分の価値（観）で効率的に仕事を終えたいと考えてしまいがちです。また「○○さんは、もっと○○しているのに…」などと、他の利用者と比較してしまうこともあるかもしれません。もし自分が同様に他人と比較されたらどうでしょう。生活相談員は、介護事業所の職員として利用者の個別性を大切にした支援のあり方について、一石を投じる立場にあるのです。

図1-12 ● 個別性の視点【individual】

④ 継続性の視点

　利用者の生活を支援するために、その生活を「点」でとらえるのではなく一本の「線」でとらえ、利用者の動的な生活状況だけでなく、静的な意向の変化も把握しようとする視点

　利用者の生活は、24時間、365日継続しており、途切れることはありません。そんなこと当たり前だと思うかも知れませんが、私たち専門職が利用者の生活を分断してしまっている場合もあります。

　介護事業所の職員は、シフト制で勤務しています。業務に入っている時もあれば、現場を離れている時もあります。親や配偶者の介護をしている家族は、疲れたからといって、このように介護から周期的に離れることはできませんが、職員は職業としてかかわっているからこそ、業務のオン・オフを意図的に行うことができます。

　しかし、それは反面、利用者の日々の生活を断片的に見ることしかできないということです。休日となったオフの時間を申し送りや記録等で補足しながら、24時

間、365日の利用者個々の生活を理解することが大切です。

　さらに、介護職は「日々の生活」を見る視点が重要ですが、生活相談員はもう少し大局的に、半年、一年、数年という長い期間で、利用者・家族の生活動向をとらえる必要があります。また介護職との間でも情報共有を図っておくことが大切です。異なる職種間において、専門性を活かした情報共有を行い、フォローし合いましょう。

図1-13 ● 継続性の視点【continuous】

24時間、365日継続している利用者の生活

昨日　今日　明日　半年後　1年後　5年後

利用者

職員はシフト勤務であっても、利用者の生活は継続している。
ライフサイクル・生活習慣をとらえた支援を展開する

生活相談員

⑤ 社会性の視点

利用者を「地域で暮らし、日常のなかで地域の人と出会う機会があり、社会の一員としての役割をもっている生活者」としてとらえようとする視点

　人は、無意識のうちに、他者との関係性を意識しながら生活しています。それは「家族」や「地域の人」「遠方に住む知人・友人」などさまざまです。さらに、生活に必要となる市役所の職員や店の店員ということも考えられます。相手から見た自分を俯瞰的にとらえようとすることで、自分がどうあるべきか、どう振る舞うべきかなどを客観的に考えているのです。

　しかし、要介護状態となり、特養に入所したり、在宅で閉じこもりがちな生活になったりすると、利用者は徐々に「生活上の他者」を意識しなくなりがちです。かかわる相手が限定的になることで、社会性が低下し、「その人らしさ」が失われてくることも懸念されます。

その社会性が欠如する要因が二つあります。一つは、「他者（家族を含む）と交わる機会の減少」、そしてもう一つは「役割の喪失」です[3]。

高齢になるということは、これまでの人間関係やこれまで担ってきた社会的役割を一つひとつ失っていくということです。利用者が要介護状態となり、「介護する人（介護職員）―介護される人（利用者）」という関係になると、一方向的に「サービスを提供する」「サービスを利用する」というかかわりになりがちです。生活相談員は、このような人間関係に注目し、利用者が他者（家族・事業所の職員・地域住民・その他）からその存在を認められ、誰かに必要とされているということを意識できるような相互関係を築いていく必要があります。

「社会性の視点」は、五つの視点のなかでも特に、生活相談員にとって重要かつ期待されている視点です。生活相談員は、「ミクロ」「メゾ」「マクロ」の各領域を移動しながら業務を行います。目の前にいる利用者だけでなく、その背景にあるさまざまな「物」「場所」「人」との関係性（関連性）をとらえながら、適切に現場と情報共有を図っていく専門職です。「社会性の視点」は、生活相談員が自らの専門性を発揮するために欠かすことのできない重要な視点といえます。

図1-14 ● 社会性の視点【society】

＊3　梅沢佳裕「生活相談員―その役割と仕事力」p96、雲母書房、2015

② 生活相談員の基礎となる五つの力

① 形成力（対人関係を形成する力）

　特養やデイサービスの生活相談員は、利用者・家族に対して支援を行いますが、支援の対象は、利用者や家族だけでなく、同じ職場の他職種、地域住民、地域組織といった人々も含みます。それらの人々との関係性を築き、影響し合えるような場を作っていく力が、生活相談員には求められています。

　対人援助を円滑に行うためには、まず利用者や家族、他職種などとの対人関係を形成する必要があります。対人関係の形成には、相手から信頼を得ることが大切です。生活相談員は、利用者や家族から信頼を得てはじめて、生きづらさや生活上の困難など、胸の内を聴かせてもらうことができます。また、他職種ともスムーズな情報共有を図り、効果的な援助を実践できる関係を形成することで、さまざまな関係者が一丸となり、一つの目標に向かって支援を展開することが可能となります。支援方針についてチームのなかで意識のずれが生じることは、あり得ることです。そのような時に、関係者間で支援方針の共有や意思の統一を図るなどの働きかけを行うことが大切です。

　利用者・家族との「信頼関係」の形成には、当事者の立場に立った「共感的理解」（P14参照）と「誠意ある傾聴の姿勢」（P13参照）が大切です。文字にするのは簡単ですが、実際に「信頼関係」を形成するのは、とても難しいことでもあります。重要な点は「当事者性」と「利用者の価値」を大切にした視点で接することです。「当事者性」とは、問題や困難に直面している人自身の経験則のことです。

　また、他職種との「信頼関係」は、ミスなく的確に業務を遂行するということが前提としてあり、さらに相手の専門性を理解し、配慮あるかかわりをするということではないでしょうか。他職種との信頼関係が形成されず、異職種間の対立や意見の食い違い、さらには支援方針にまでその影響が出ているような現場もあります。もともとは、一人の利用者への支援という目的を共有しているはずなので、間に入り、緩衝材となることも生活相談員の役目の一つといえます。

　「支援関係」は、信頼関係の形成の先にあります。利用者・家族に信頼されていなければ、効果的な支援を展開することはできません。したがって生活相談員には、ケアチームにおいて支援関係を正常化し、他の専門職がスムーズに支援を展開できる関係を形成することが求められています。「支援関係」とは、利用者の生き

づらさや生活のしづらさに潜む生活課題（ニーズ）を明確にし、利用者・家族と共にその課題に向き合い、利用者が主体的に解決していくことができるように支える関係です。それは「支援者」と「被支援者」ではありますが、同じ目線に立った伴走者として、かかわることが大切です。

② 洞察力（物事を分析的にとらえ、見通す力）

「洞察力」とは、物事を分析的にとらえて見通す力のことを意味します。例えば、生活相談員には、事業所の運営管理などのマネジメントを担う役割がありますが、事業所運営の行く末を「介護保険制度改正」や「地域のニーズ」などの動向を探りながら分析的に検討する力などが該当します。また、リスクマネジメントにおいて、介護現場の「ヒヤリ・ハット」を元に予防策を検討するといったことが挙げられます。

つまり、生活相談員には、「ジェネラリスト」という立ち位置から、客観的に利用者の今後や事業所運営の今後を見通す力が求められています。それは施設長などの管理職という立場からではなく、ある時は利用者目線で、またある時は現場職員の目線や中間管理職（ミドルマネジャー）という立ち位置から、俯瞰的にとらえられる力です。

他の専門職は、利用者と現場で向き合っているため、事業所運営について客観視するなど、「メゾ」「マクロ」の視点でとらえることは困難です。また利用者の支援は、「アセスメント」によって、できること、できないこと、習慣的にしていること、していないことをとらえ、利用者の力を活性化していくエンパワメントのような働きかけを行います。そのためには、利用者の個別性を理解し、その人に合った関係を形成することが必要となります。利用者は生活相談員やケアチームに何を望み、どのような支援を求めているのか、またどこまで入り込んでよいのかという支援関係の「距離感」をわきまえた関係づくりが大切です。

③ 調整力（働きかける力）

生活相談員が実践する「調整」には、その状況によっていくつか異なる働きかけが考えられます。生活相談員は、利用者や家族に対する直接的な相談援助だけではなく、間接的に働きかけることもあります。例えば、利用者と生活環境との関係を調整するなどです。さらに、「連携」（ネットワーキング）と「調整」（コーディネート）、そして両者の間に立ち、うまくまとめるために、事前の「根回し」（ネゴシエー

ション）という働きかけも行います。

　これらはすべて「調整」ということもありますが、生活相談員には、相手の置か
れている状況を把握し、どのような「調整」が適切なのかを判断して、その状況に
合わせた働きかけを行うことが求められます。まずは利用者・家族の状況を当事者
の立場に立って理解し、利用者・家族と生活相談員とが目的を共有し、対等な支援
関係に基づいて調整することが大切です。

　生活相談員は、支援者側の価値を優先し、一方的に利用者の生活環境を変えてし
まうようなかかわりをしてはいけません。ソーシャルワーク専門職が中心となり、
あくまでも利用者の価値を優先させ、利用者の最善の利益（ベスト・インタレスト）
を大切にした調整力を発揮しましょう。

④ 連携力（新たな連携の形を生み出していく力）

　介護保険制度におけるケアマネジメントは、多職種連携のもとで展開されていま
す。それは、重複する生活課題を有する利用者・家族もいるなか、一専門職の立場
からだけでは、利用者の全体像を的確にとらえられず、また、きめ細かな支援が行
き届かない可能性があるからです。そのため多職種が協働し、それぞれの専門性か
ら多面的に利用者「像」をとらえ、その状況に必要な支援に確実に結び付けていく
必要があるのです。

　しかし利用者を取り巻く支援者は、それぞれ特定の分野に精通した専門職である
ために、ある部分では譲れず、互いに協調することが難しい側面もあります。生活
相談員には、ケアマネジャーをサポートし、ケアチームと利用者との間を取り持
ち、関係者間の持続可能なネットワークを生み出していく力が期待されています。
また、事業所と地域との関係性においても、福祉拠点として地域関係者との連携を
図り、地域を巻き込んだネットワークの形成が求められます。

⑤ 内省力（自分の実践を振り返る力）

　内省とは、「自分の考えや行動などを深く省みること」です。それは「自分のよ
くなかった点を認めて改めようとする」反省ではなく、自分を前向きに見つめ直
し、実践のなかから気づきを得てそれを次回の実践に活かそうとすることです。

　生活相談員は、事業所における配置人数が少ないため、多くの場合、同じ職種同
士での共感的な人間関係が十分とはいえない状況にあります。したがって自分が取
り組んだソーシャルワークの実践が果たして適切だったのか否かなどを客観視する

機会もなく、疑問を抱え込んだまま業務を行っていることが多くなります。ソーシャルワークに「正解」はないともいわれますが、生活相談員は自らの行った実践について常に振り返り、よりよい方法はなかったのか、また職業倫理に照らして適切であったのかなどを検証することが大切です。明確な答えなど出ないかもしれませんが、それでも自らを振り返る力が求められます。

　自分自身で振り返ることで、十分に新たな気づきを得られない時には、スーパービジョンを受けることが重要です。役割を発揮している生活相談員に共通する点として、「上司や同僚、友人に生活相談員（経験者）がおり、適切なスーパービジョンを受ける機会がある」という人の割合が高いということがわかっています[4]。生活相談員は、多様な業務を担っているということもあり、ジレンマを抱え込みやすい職種といえます。業務に迷ったり、悩んだりした時、スーパービジョンを通じて自らの知識や技術について、生活相談員としての価値基準などを省みることができる機会があるというのは、非常に重要なことです。

---

[4]　梅沢佳裕「特別養護老人ホーム生活相談員のアイデンティティ獲得におけるメカニズムについての一考察」2015

38

第 **2** 章

事例で読む
生活相談員の役割・機能

　第2章では、第1章で学んだ生活相談員に求められるスキルをどのような場面でどのように活かしたらよいのかなど、生活相談員の仕事の実際を理解していきます。生活相談員にはさまざまな役割・機能が期待されていますが、実際の場面で、どのように展開したらよいのか、迷うことも多いのではないでしょうか。そこで、特養・デイサービスの生活相談員がかかわる11の「よくある事例」から、役割・機能を読み解いていきます。さっそく第2章の扉を開けてみましょう！

1 利用者・家族に対する生活相談

　生活相談員の仕事は多様性があり、業務内容も煩雑で広範な領域に及びます。なかでも利用者・家族への対応は、生活相談員の中心的な業務の一つです。利用者および家族の意向をふまえた適切な支援が求められます。

事例 1 特養でのターミナルケアをめぐる意思決定の支援

　特養「さわやか荘」では、利用者のヨシノさんが最期の時を迎えようとしていました。とはいえ、「さわやか荘」では、ターミナルケアを始めたばかりで、職員体制も職員の意識もさまざまな状態でした。

　ヨシノさんは、以前は認知症の行動・心理症状（BPSD）がみられ、施設内を歩き回ることもありましたが、徐々に下肢機能が低下し、現在は歩行も困難となりました。肺炎により入院した後、一度は回復して「さわやか荘」に戻りましたが、体力が低下し、ベッド上で過ごすことが多くなり、経口摂取が困難な状態となりました。

登場人物	
利用者	：ヨシノさん（85歳、女性）
家族	：夫は数年前に他界、子どもは二男三女（次女は他界）、入所前は長女家族と同居、長男家族は遠方に住んでいる
生活相談員	：吉田さん（2年目）

長女	「以前から、覚悟はしていたんですけれど、やはり入院させようかと…」
吉田さん	「えっ、そうなんですか。他のご兄弟の方々とも相談されたのですか」
長女	「遠方にいる弟（長男）が、そのまま逝かせたくない、できることは尽くしたいと…」
吉田さん	「そんなことをおっしゃっているんですか。この差し迫った状況で、まだご家族で気持ちがまとまっていないんですね…。すぐに連絡をとって、話し合ったほうがいいですよ。いまとなっては、ヨシノさんに直接、ご意思を確認することはできません。ご家族が決めなくては」
長女	「それはわかっているんですけど、母はどう思っているのかなと…。きっと弟（長男）も同じことで迷っているんだと思います」

吉田さん　「気持ちはわかります。ですが、時間がないんです」

長女　　　（長い沈黙）「吉田さん、いろいろとご迷惑をおかけしてしまって…。弟（長男）の言う通り、結局、最期は病院で迎えることになるかもしれません。（引きつった笑顔で）いろいろとお世話になりました」

吉田さん　「えっ…。そんなつもりで言ったのではなくて…。こちらこそ、少し厳しい言い方になってしまって申し訳ありませんでした」

　介護保険法には、基本理念として「利用者本位」のサービスを提供することが明記されています。またサービスの提供にあたっては、「自己選択」「自己決定」の原則に沿って支援を行うこととされています。その実現に向けた取り組みは、生活相談員の大切な役割であるとともに、他職種に対して、その啓発を行うことも重要です。

　「利用者本位」の支援とは、利用者の意思に沿った支援、利用者の最善の利益を考慮した支援です。生活相談員には、「利用者の意思決定」を支援する働きかけが求められます。ヨシノさんの支援におけるポイントをみていきましょう。

① 自ら意思を伝えることが困難な利用者の意思決定支援

　意思決定の支援とは、利用者本人が自らの意思を決定するための支援のことです。特養やデイサービスなどの介護事業所では、介護職員が「○○さん、今日はどちらの洋服に着替えますか」などと声をかけていると思います。「来客や外出の予定があるわけでもないのに…」と思うかもしれませんが、自分自身のことを振り返ってみるとどうでしょうか。毎日、当たり前に、自分で決めた洋服を着ているのではないでしょうか。もし、毎日、着る洋服を他人に決められたらどうでしょうか。

　介護保険法に明記される「利用者本位のサービス」を介護現場で実践することは、簡単ではありません。特に、コミュニケーション障害などにより、意思の疎通を図ることが困難な利用者に対して、本人の意思を確認することは、介護現場の大きな課題です。

ターミナルケアについての意思の確認は、入所時、その後は半年ごとに、また、状態が変化した時など、定期的に確認するのが一般的です。しかし、急に容態が悪化し、ターミナル期に移行したため、意思を確認するタイミングを逸してしまうこともあり得ます。その際には、家族に対してターミナルケアの意向を確認することになりますが、家族は、あくまでも利用者本人の代理人であり、利用者の意思は、本人にしかわからないということでもあります。また、職員の「〇〇さんは、●●だと思っているに違いない」などの思いも、憶測にすぎないことを忘れてはなりません。意思決定支援における役割は、ときに生活相談員として大きなジレンマを抱えることにもなります。

② 意思決定支援におけるコンプライアンスおよび倫理的配慮

意思決定支援については、介護事業所の職員が考える際の「ガイドライン」がいくつか示されています。

- 「障害福祉サービス等の提供に係る意思決定支援ガイドライン」（厚生労働省、2017年）
- 「人生の最終段階における医療・ケアの決定プロセスに関するガイドライン」（厚生労働省、2018年）
- 「認知症の人の日常生活・社会生活における意思決定支援ガイドライン」（厚生労働省、2018年）

ヨシノさんのような認知症の人の場合は、比較的早い段階から、意思確認が難しくなることがあります。しかし、生活相談員は、利用者の最善の利益（ベスト・インタレスト）を実現できるよう、利用者とともに考えることが役割です。したがって、本人を置き去りにして、家族の意向を優先し、合意を得られればよいと考えてはなりません。「成年後見制度」において、後見人が被後見人の終末期医療の最終決定等を行うことは認められてはいませんが、一つの指針としては「意思決定支援を踏まえた成年後見人等の事務に関するガイドライン」（大阪意思決定支援研究会、2018年）が参考になります。

また、司法機関の新たな取り組みも始まっています。それは「本人情報シート」を活用して、意思決定支援についての医療・福祉の情報連携を行うというものです。「本人情報シート」は最高裁判所が作成し、2019年4月から正式に運用が開始されました。このシートは、「成年後見制度利用促進法基本計画」において、裁判所（国）が、「医師が診断書等を作成するに当たって、福祉関係者等が有している本人の置かれた家庭的・社会的状況等に関する情報を考慮できるよう、本人の状況等を

医師に的確に伝えることができるようにするため」に検討されたことを受けて、診断書の改定に合わせて作成されました。このツールは今後、認知症等により意思決定を行うことが困難となった利用者への「ソーシャルワークレポート」として本人を中心に置いた支援を展開する際に活用できるものといえます。

本人情報シート（成年後見制度用）

※この書面は、本人の判断能力等に関して医師が診断を行う際の補助資料として活用するとともに、家庭裁判所における審理のために提出していただくことを想定しています。
※この書面は、本人を支える福祉関係者の方によって作成されることを想定しています。
※本人情報シートの内容についてさらに確認したい点がある場合には、医師や家庭裁判所から問合せがされることもあります。

作成日 ＿＿＿＿ 年 ＿＿ 月 ＿＿ 日

本人	作成者
氏　名：＿＿＿＿＿＿	氏　　　名：＿＿＿＿＿＿ 印
生年月日：＿＿ 年 ＿＿ 月 ＿＿ 日	職業(資格)：＿＿＿＿＿＿
	連　絡　先：＿＿＿＿＿＿
	本人との関係：＿＿＿＿＿＿

1　本人の生活場所について
□ 自宅　（自宅での福祉サービスの利用　□ あり　□ なし）
□ 施設・病院
　　→ 施設・病院の名称 ＿＿＿＿＿＿＿＿＿＿＿＿
　　　　住所 ＿＿＿＿＿＿＿＿＿＿＿＿＿＿

2　福祉に関する認定の有無等について
□ 介護認定　（認定日：　　　年　　　月）
　　□ 要支援（1・2）　□ 要介護（1・2・3・4・5）
　　□ 非該当
□ 障害支援区分（認定日：　　　年　　　月）
　　□ 区分（1・2・3・4・5・6）　□ 非該当
□ 療育手帳・愛の手帳など　　（手帳の名称　　　　　　　）（判定　　　　　　）
□ 精神障害者保健福祉手帳　（1・2・3　　級）

3　本人の日常・社会生活の状況について
(1)　身体機能・生活機能について
　　□ 支援の必要はない　　□ 一部について支援が必要　　□ 全面的に支援が必要
　　（今後、支援等に関する体制の変更や追加的対応が必要な場合は、その内容等）

[　　　　　　　　　　　　　　　　　　　　　　　　　　　　　　　　　　　　]

(2)　認知機能について
　　日によって変動することがあるか：□ あり　□ なし
　　（※ありの場合は、良い状態を念頭に以下のアからエまでチェックしてください。エの項目は裏面にあります。）
ア　日常的な行為に関する意思の伝達について
　　□ 意思を他者に伝達できる　　□ 伝達できない場合がある
　　□ ほとんど伝達できない　　□ できない
イ　日常的な行為に関する理解について
　　□ 理解できる　　□ 理解できない場合がある
　　□ ほとんど理解できない　　□ 理解できない
ウ　日常的な行為に関する短期的な記憶について
　　□ 記憶できる　　□ 記憶していない場合がある
　　□ ほとんど記憶できない　　□ 記憶できない

エ　本人が家族等を認識できているかについて
　　　□　正しく認識している　　　　□　認識できていないところがある
　　　□　ほとんど認識できていない　□　認識できていない

(3)　日常・社会生活上支障となる精神・行動障害について
　　　□　支障となる行動はない　　　　　□　支障となる行動はほとんどない
　　　□　支障となる行動がときどきある　□　支障となる行動がある
　　　（精神・行動障害に関して支援を必要とする場面があれば、その内容、頻度等）

（空欄）

(4)　社会・地域との交流頻度について
　　　□　週1回以上　　　□　月1回以上　　　□　月1回未満

(5)　日常の意思決定について
　　　□　できる　　　　□　特別な場合を除いてできる　　　□　日常的に困難　　　□　できない

(6)　金銭の管理について
　　　□　本人が管理している　　　□　親族又は第三者の支援を受けて本人が管理している
　　　□　親族又は第三者が管理している
　　　（支援（管理）を受けている場合には、その内容・支援者（管理者）の氏名等）

（空欄）

4　本人にとって重要な意思決定が必要となる日常・社会生活上の課題
　　（※課題については、現に生じているものに加え、今後生じ得る課題も記載してください。）

（空欄）

5　家庭裁判所に成年後見制度の利用について申立てをすることに関する本人の認識
　　　□　申立てをすることを説明しており、知っている。
　　　□　申立てをすることを説明したが、理解できていない。
　　　□　申立てをすることを説明しておらず、知らない。
　　　□　その他
　　　（上記チェックボックスを選択した理由や背景事情等）

（空欄）

6　本人にとって望ましいと考えられる日常・社会生活上の課題への対応策
　　（※御意見があれば記載してください。）

（空欄）

③ 意思決定支援のプロセスで求められるソーシャルワーク機能

　特養やデイサービスなどにおいて、利用者本位のサービスを提供するために、本人の意思を直接、確認することがどうしても難しい場合は、家族などと相談し、同意を得て行います。これは、ヨシノさんの事例のようなターミナルケアに限ったことではなく、日常生活の場面でも同様です。

　特養におけるターミナルケアについて、「利用者と家族の意向・場面」と「介護事業所としての説明責任・同意」については、次のようにまとめることができます。

表2-1 ● 利用者・家族への説明責任と同意

時期	利用者の意向・場面	家族の意向・場面	説明責任・同意
入所時	死を受け入れたくない・死に直面していない	家族の死を考えたくない・どう逝かせるのか考えていない	施設におけるターミナルケアに関する方針・支援体制等の説明 現時点での思いの傾聴
生活安定期	居場所づくり 終の棲家としての意向	終の棲家としての希望 利用者の生活の安定への期待	終末期に向けて、家族間で話し合うための情報提供（デスエデュケーション） ラポール形成と定期的な家族との面会・意向確認
機能低下期	加齢や疾病による身体機能低下（回復が見込まれない状態）	終末期に向けて利用者の死期の訪れの意識、死を認めたくない葛藤 迫られる医療的処置への選択	終末期が近いことの説明 ターミナルケアについての意向の再確認
終末期	死に対する不安や恐怖・動揺 死期の受容 死への準備	過度の医療行為への拒否感や疑問 利用者と家族の思いの狭間での葛藤・動揺	利用者や家族の揺れ動く思いに寄り添い、共感する 家族の意思の確認
死期（死後）	家族との別れ	死後の処置 利用者との別れ	グリーフケア（遺族の悲嘆の受容など）

生活相談員の基礎知識①ーストレングス

　ストレングスとは、利用者の「強み・長所」などのことです。生活上に何らかの生きづらさがあり、支援を必要とする状況のなかで、自分で何かできる能力、何かしたいという希望、また趣味や嗜好などを含むパーソナリティ（個性）などです。

　生活相談員はこれらの強みや長所を支援を通して引き出しながら、効果的に活用できるように本人や支援関係者に伝えます。「ストレングス」は、利用者のアセスメントやケアプラン作成などさまざまな支援プロセスにおいて重要な視点です。介護現場では、利用者の「できないところ」「支援が必要なところ」に目がいきがちです。それは、「自分でできること・できないこと」を見極め、「できないところ」を支援することが自立支援であると考えている職員が少なからずいるからです。

　確かに利用者の「できないこと」を明確にしておくことは必要ですが、隠れた強みや長所（潜在的ストレングス）に気づくことも大切です。生活相談員は、利用者の全体像をとらえ、他職種に対して「ストレングス」の視点で利用者を見ることの大切さを啓発する役割があります。

生活相談員の基礎知識②ーエンパワメントとワーカビリティ

　エンパワメントとワーカビリティは、どちらも生活課題に対して、前向きに解決していく力を意味する言葉です。生活相談員が実践する対人援助は、利用者に一方的に働きかけ、利用者の問題を解決していくという支援ではありません。利用者本位の支援が大切といわれるように、まず利用者がどのようなことにとまどい、生活のどの部分にどのような生きづらさを感じているかといったことを、利用者自身が理解することが大切です。不安感や絶望感をもち、パワーレス（自ら解決する術を失った状態）に陥っている利用者が、自らの生活のなかに問題解決の糸口があることに気づき、意欲的に解決に向けて歩み始めるきっかけを作ることが生活相談員の大事な役割です。エンパワメントとワーカビリティはどちらも生活相談員と利用者のソーシャルワーク過程において、重要な意味をもつ働きかけです。

　「エンパワメント」とは、利用者が自分の人生において主体者となれるように解決力をつけて、自分自身の生活や環境をよりコントロールできるようにしていくこと

です。生活相談員は、利用者自身がもっている強みや力に気づき、受容や共感的理解を図るなかで、自分の置かれている状況に気づいてもらい、課題解決に向けての糸口を掴むための後押しをします。利用者はやがて解決に向けて今の自分に向き合うことで、納得や諦めなどの自己理解（自己実現）を行い、前向きな力に変えていこうとします。それがエンパワメント（自助力の活性化）です。

一方、「ワーカビリティ」とは、支援者と利用者の関係において、利用者が支援者の働きかけに応えて、自ら問題解決に取り組んでいこうとする意欲のことです。つまり、エンパワメントは支援者から利用者に働きかける支援（支援者→利用者）であり、ワーカビリティは支援者の支援を受けることで、利用者自身が問題解決に向けてもつ意欲やパワー、支援者へのレスポンス（支援者←利用者）のことです。

生活相談員の基礎知識③ー国際生活機能分類（ICF）

国際生活機能分類（ICF）は、世界保健機関が2001年に国際障害分類（ICIDH）の改訂版として採択し、加盟国に勧告したものです。

図2-1 ● 利用者を三つの領域でとらえるICFの視点

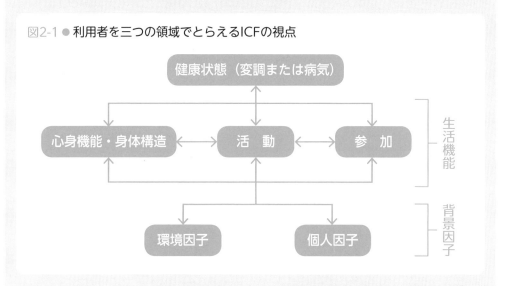

国際生活機能分類（ICF）は、「健康状態」「心身機能・身体構造」「活動」「参加」「環境因子」「個人因子」で構成されます。このうち「心身機能・身体構造」「活動」「参加」を「生活機能」といい、「環境因子」「個人因子」を「背景因子」といいます。

「心身機能・身体構造」は、手足の拘縮や欠損、内臓などの人体構造をすべて含み

ます。「活動」は、食事をする、入浴する、歩行するなどの「日常生活動作（ADL）」、掃除をする、調理をする、花に水やりをするなどの「手段的日常生活動作（IADL）」、その他、新聞や本を読む、趣味活動をする、買い物に出かけるなど、少々幅広く生活活動の状態を指します。「参加」は、社会との接点や他者との人間関係を指します。社会との接点は、職場や地域活動、趣味活動など、他者との接点は家族、友人、知人、職場の上司・部下、サークル仲間などとの関係です。「参加」には、社会的役割も含みます。

「個人因子」は、利用者の年齢や性別、出身地や性格など、個人に由来する属性のことです。「環境因子」は、利用者が生活する環境のことです。建物や道路状況、部屋・居室・廊下などの居住スペース、テーブルといすの高さなども環境因子に含まれます。また、介護職員も利用者にとっては、生活環境の一部です。また広い意味で福祉制度なども環境因子です。

たとえ生活機能が同じであっても、できること、できないことは、一人ひとり異なるはずです。利用者のアセスメントをする際に、利用者本人のみに注目して「できる・できない」を決めつけるのではなく、事業所の建物や利用者の居室・居間などの環境因子を考慮して、総合的に利用者像をとらえていくことが大切です。

④ 事例の振り返り

家族の意思決定も支持的に支援する

生活相談員には、日常生活のさまざまな場面で、利用者の意思決定を支援する役割があります。事例1のような状況下では家族の意思決定を支援することが必要なこともあります。家族もまた、状況によっては、利用者と家族（自分）が、なぜ、現在、生きづらさや生活のしづらさを抱えているのか、整理して理解することができず、混乱したり葛藤したりしている可能性もあります。

生活相談員は、相手のペースに合わせて傾聴しながら、本人が状況を整理して理解するプロセスに寄り添っていくことが大切です。急を要する場面であっても、決してせかしたり、叱るような言い方をしたりしないようにしましょう。

やりとりを基本の応答技法に沿って再確認する

　事例1で、生活相談員の吉田さんは、長女からの話を受けて、どのように対応すればよかったのでしょう。

長女	「遠方にいる弟（長男）が、そのまま逝かせたくない、できることは尽くしたいと…」
吉田さん	「そうでしたか。ご長男が、そのようなことを…。わかります、大切なお母様のことですからすぐには決められないですよね」
長女	「母が元気だった頃、少し話したんですが、ここは私の家だって言っていました。立派な家を建ててくれて、お父さん（夫）に感謝しなきゃって。それで、ここでこれからも楽しく暮らして、最期を迎えたいもんだねぇって、いつになく笑顔で話してくれました。その時の笑顔が今も頭から離れなくて…。やっぱり、それが母の願いということなのかしら。どうすることが正しいかは私にもわかりませんが、きっと、今、母に聞いたら、病院じゃなくてここに居たいって言うんじゃないかと思います」
吉田さん	「そうですね、私からもご長男に、ご連絡して確認してみますけれど、長女さんも、そのことをご兄弟にお伝えしてみてはどうですか。大事なのはお母様のお気持ちですから。すみません、私ももう少し前からヨシノさんのご意思をお聞きできていればよかったのですが…」
長女	「そんなこと、なかなか面と向かって話せないですけどね…。でもきっとそれが母の意思だと思います。ますますそんな気がしてきました。こちらでどうかお願いいたします」

　その後、生活相談員の吉田さんは、看護師、ケアマネジャー、介護リーダーに長女とのやりとりの経緯を伝えました。そこでターミナルケアについて改めて検討することとなり、家族にも参加してもらい、ケアカンファレンスを開催しました。

　長女から、兄弟間で意見が合わず、決めかねているという相談を受けた時の吉田さんの反射（言い返し）は、とても重要なポイントです。「わかります…」と状況を受け入れながら、「大切なお母さまのことですから…」と切り返し、大切な母親の気持ちを考えて、母ならどうしただろうと思い悩む長女の心情にも寄り添っています。

利用者や家族は、自身や親の生活であっても、そう簡単に判断することができない場面もあります。生活のさまざまな場面で、岐路に立たされてきた利用者や家族に対して、そばで傾聴しつつ、迷いながら話している言葉に含まれる「キーワード」を、生活相談員が聞き逃さず、要約したり、言い換えたり、同じ言葉で協調して反射するなど基本の応答技法を用いて対応することが大切です。このプロセスを経て、利用者・家族は、自分の置かれている状況や心情を可視化したり、整理したりすることができ、徐々に自分がどうしたいのかという意思決定ができます。

　吉田さんは長女の意思決定を後押しし、ケアカンファレンスによって専門職につなげる役割を果たしました。この事例からもわかるように、生活相談員のひと言が状況を変え、また意図的なかかわりによって、利用者・家族に安心感や信頼感、そして前向きな意識をもたらすこともあります。

**事例
2**　「お酒を飲みたい」と言う利用者に対する
擁護的支援

　近藤さんは、特養「あおぞら荘」に勤務する新任の生活相談員です。大学で勉強してきたことと現場の状況との狭間で判断に迷うことが多く、今はミツオさんの対応をめぐって、生活相談員として、利用者を擁護すべきなのか、介護職員の多忙さの軽減を図るべきなのか、この対応方法が本当によいのかと疑問を感じています。

　ミツオさんは血管性認知症で、発語は可能ですが意思疎通が難しい状況です。見当識障害、右片麻痺があり、移動は車いすを使用しています。若い頃は建設会社に勤務していました。3年前に妻が他界した後は、近所に住む長男夫婦宅で暮らしていました。2年前に脳出血で倒れて入院。その後、認知症の症状がみられるようになりました。退院後も長男夫婦の家で生活していましたが、長男夫婦の意向により半年前に特養に入所となりました。お酒が好きで、「仕事の後の一杯がたまらない…」が口癖です。

登場人物

利用者　　：ミツオさん（85歳、男性、要介護4）
家族　　　：長男夫婦（妻は他界、子どもは一男一女）
生活相談員：近藤さん（1年目）
介護職員　：竹田さん（パート勤務6年目）

ミツオさん　「ちょっと、ここの店の人かい？　晩酌してもいいかい。俺はね、仕事の後の一杯がたまらなくてね。それだけのために頑張って働いてきたようなものさ。これを取られたら、もう生きていけないねぇ…」

竹田さん　　「はい、ミツオさん、いつものウイスキー持って来ましたよ」

ミツオさん　「ありがとよー。ああ、うまいねぇ」

近藤さん　　「竹田さん、また麦茶ですか…」

竹田さん　　「そうよ！　麦茶で晩酌って、いいアイディアでしょ。ミツオさんはわからないから大丈夫。家族にもこのくらいのことは連絡しなくてもいいわよね？」

近藤さん　　「そうなのかなぁ…。たしかに、ミツオさんの健康のためなんだろうし、ずっとこの方法で対応してきたんだったら、それでいいのかも…。ミツオさんもお酒の味をわかっていないみたいだし、話しても理解できないから、仕方ないか。ベテランの竹田さんが大丈夫って言うんだからいいのかな…」

　日々、多忙な介護職にとって、利用者に対するサービスにどのような意味があるのかを見直すことは、後回しになってしまいがちです。これは生活相談員にも同じことがいえるかもしれません。

　多忙な日々のなかで、「業務をいかに効率よくこなすか」という意識が芽生えてしまうのもわからなくはありません。しかし、一度、立ち止まり、振り返ってみることで、利用者の生活を側面的に支える支援者であり、利用者の人権を擁護するのが生活相談員の役割なのだと気づくことができます。この事例のように介護現場で起こるさまざまな対応をめぐり「あるべき像」との狭間での揺らぎを経験し、悩んでいる生活相談員は多数いるはずです。

① 生活相談員の役割

　特養やデイサービスなどでは、利用者本位のサービス提供に努め、高齢者に対して尊敬の念をもって対応することが大切です。これは全職員に共通する理念です。特に生活相談員は、ソーシャルワーク専門職としての重要な機能である「擁護的支援機能」を果たすことが期待されています。

　そもそも介護保険制度は、利用者との契約によってサービスを提供するものであり、利用者と事業者は、対等な関係です。しかし、利用者は「介護される側」であり、事業者は「介護サービスを提供する側」でもあり、そこに両者の立場に対する認識のゆがみが生じている可能性があります。

　生活相談員には、その「ゆがみ」に気づき、本来の関係に正していく役割があります。

図2-2 ● 生活相談員に期待される擁護的支援機能

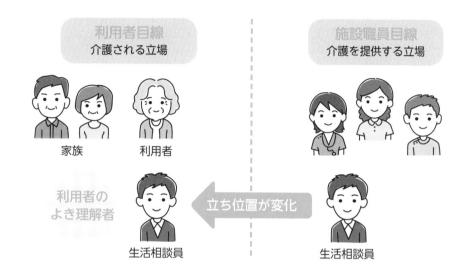

② ソーシャルワーク専門職としての職業倫理

　生活相談員は、介護事業所において相談援助業務を担うソーシャルワーク専門職です。ソーシャルワーカーが働く領域は児童福祉、障害者福祉などさまざまで、資格が義務化されていない場合もありますが、生活相談員の任用資格を考慮すると、「社会福祉士の倫理綱領」と「社会福祉士の行動規範」（公益社団法人日本社会福祉士会）を一つのモデルとして確認しておく必要があります。

　「社会福祉士の倫理綱領」には、「４．説明責任」として、「社会福祉士は、利用者に必要な情報を適切な方法・わかりやすい表現を用いて提供し、利用者の意思を確認する」と明記されています。また「６．利用者の意思決定能力への対応」として、「社会福祉士は、意思決定能力の不十分な利用者に対して、常に最善の方法を用いて利益と権利を擁護する」、「12．権利侵害の防止」として、「社会福祉士は、利用者を擁護し、あらゆる権利侵害の発生を防止する」ことが謳われています。したがって、生活相談員は、常に利用者に対するサービス提供について擁護的立場をとり、また他職種が行うサービス提供について、意図していない場合も含め、権利侵害にあたる行為がないか観察することが求められます。

　さらに「社会福祉士の行動規範」には、「6-3.社会福祉士は、常に自らの業務がパターナリズムに陥らないように、自己の点検に努めなければならない」「12-2.社会福祉士は、利用者の権利侵害を防止する環境を整え、そのシステムの構築に努

めなければならない」などが明記されています。ミツオさんへの対応を考える際に押さえておきたいポイントです。

③ 家族も含めた説明責任

「社会福祉士の行動規範」に照らすと、生活相談員の近藤さんには、ミツオさんに対する支援について権利擁護を念頭においたかかわりが必要なことがわかります。また、介護職員の竹田さんのかかわり方についても、今一度、検討する機会を設け、なぜ、そのように対応することに決めたのかを明確にし、利用者・家族に説明する必要があることがわかります。

現状では、「ミツオさんがわからなければ、黙っておいてもよい」「家族には、このような些細な対応内容を伝える必要はない」という判断をしていますが、それこそが日常業務における「パターナリズム」が引き起こした意識のゆがみといえます。本来は、ケアカンファレンスで常に、よりよい方法はないかを検討し、もしこの方法しかないとすれば、少なくとも家族に対して、説明責任（アカウンタビリティ）を果たす必要があるのではないでしょうか。

ところで、ミツオさんへの対応をめぐっては、一つ大きなジレンマもあります。事例のなかで近藤さんは、「ミツオさんの健康のためなんだろうし…」とつぶやいていますが、確かに利用者の状態によっては、健康面を考慮してそっとしておくという対応方法も、ないわけではありません。しかし、それは「認知症だから」ということではなく、ミツオさんの個別性をとらえたうえでミツオさんの最善の利益を検討しつつ、適切な手続きを経て、家族への説明を行い、支援方法として決定すべきではないでしょうか。生活相談員がイニシアティブを取りながら、介護現場をバックアップしていくことが擁護的支援といえます。

生活相談員の基礎知識④─権利擁護：成年後見制度

特養やデイサービスでは、認知症の利用者が増えています。家族関係の変化、ひとり暮らしの高齢者の増加などを背景に、家族の協力が得られない人も多くなっています。そこで利用者の財産管理や身上監護等を目的とした「成年後見制度」の活用が求められています。

特養における成年後見制度の活用は、約１％にとどまっており、潜在的な利用希望者（利用が必要な人）が多数いるのではないかと思われます。生活相談員は、成

年後見制度をはじめ、あらゆる制度の活用を視野に、日頃から利用者の状況を把握しておくことが重要です。また都道府県・指定都市社会福祉協議会が実施主体である「日常生活自立支援事業」の活用もケアマネジャー等と連携し、視野に入れておくとよいでしょう。

生活相談員の基礎知識⑤ー高齢者虐待防止法

近年、介護事業所における虐待事件の報道を目にすることが多くなりました。「高齢者虐待防止法」は施行から10余年が経過していますが、「相談・通報件数」「虐待判断件数」ともに、増加しています。「通報をためらう」などの状況も考えられるため、実際の件数はもっと多いのではないかと思われます。生活相談員は、高齢者虐待の状況について理解し、事業所において予防に努めることが大切です。

図2-3 ● 養介護施設従事者等による高齢者虐待の相談・通報件数と虐待判断件数の推移

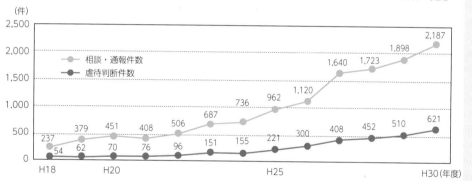

図2-4 ● 養護者による高齢者虐待の相談・通報件数と虐待判断件数の推移

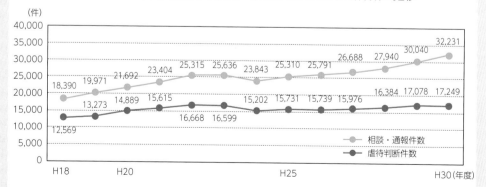

出典：厚生労働省「平成30年度「高齢者虐待の防止、高齢者の養護者に対する支援等に関する法律」に基づく対応状況等に関する調査結果」

第2章　事例で読む　生活相談員の役割・機能

被虐待者には、認知症、中重度者、女性が多い傾向があります。特養などの入所施設では、職員による虐待が中心ですが、デイサービスなどの居宅サービスでは、同居する家族（養護者）による虐待にも配慮が必要です。生活相談員は、利用者の擁護者として、ケアマネジャーと連携し、虐待の予防と早期発見・通報などの対応を行う必要があります。

生活相談員の基礎知識⑥ーバイステックの7原則

対人援助の原則として、「バイステックの7原則」があります。アメリカの社会福祉研究者であるバイステック（Biestek,F.P.）が、援助者（生活相談員）とクライエント（利用者）との間に結ばれる援助関係の基本的要素として提唱したものです。

表2-2 ● バイステックの7原則

1．個別化	利用者の抱えている生きづらさや諸問題は、一見、似たようなものであっても、人それぞれの個別的な問題であり、同一の問題は存在しない。
2．意図的な感情表出	利用者の感情表現の自由を大切にし、利用者が喜んだり、悲しんだりすることを周囲に気兼ねなく自由に表現できるような雰囲気を作ることが重要である。
3．統制された情緒的関与	利用者の感情表現に共感することは大事であるが、援助者が利用者の感情に振り回されたり、飲み込まれたりしないように注意する必要がある。
4．受容	利用者の考えは、その人の人生経験や背景に由来する思考から来るものであり、利用者自身の「個性」とらえることもできる。したがって否定や批判をせず、「なぜそのように考えるのか」を理解し、利用者の個性を尊重することが大切である。
5．非審判的態度	援助者は、利用者の思考や行動に対して一般的な価値基準や援助者自身の価値基準を押し付けて批評を行うなどの態度を慎む必要がある。あくまでも援助者は利用者の「伴走者」として存在する。
6．利用者の自己決定	利用者が自分の意思に基づいて自己決定できるように援助を行う。問題の本質は主体である利用者側にあるため、自己決定の過程を通じて、利用者の成長を促すことも期待できる。
7．秘密保持	利用者について職業上知り得た個人情報やプライバシーは、本人の同意なしに決して他人に漏洩してはならない。この守秘義務は、対人援助専門職として、また法人に属する職員として守らなければならない。

④ 事例の振り返り

生活相談員の立ち位置を再確認する

　なぜ特養やデイサービスに生活相談員の配置が義務づけられているのでしょうか。さまざまな理由があると思いますが、多職種が連携を図り、サービスを提供するために存在するというのが、理由の一つだと考えています。つまり、生活相談員は、多職種間に横断的にかかわりながら、ソーシャルワークを展開します。他職種の行う支援についても客観的にかかわることで、サービスの質を総括的に担保します。ミツオさんの事例では、「認知症だから」「わからないから」と本人や家族に伝えなくてもよいと考えている介護職員に対して同調してしまう場面がありました。先輩に対して、気を遣うと思いますが、改めてケアカンファレンスを通じて、他に方法がないのか、この方法がミツオさんにとって最善の支援であるのかを多職種間で検討し、共有する必要があります。

　また、生活相談員は家族に対しても、どのような方針でサービスを提供しているのかを説明する責任があります。

利用者の立場に立って擁護する

　新任の生活相談員である近藤さんが、経験の長い介護職員に意見を伝えるのは、勇気のいることかもしれません。部署が違うからこそ、遠慮する部分もあると思います。しかし、生活相談員には、ソーシャルワーク専門職として、他職種とは異なる位置から、現場を客観視する役割があります。つまり、利用者（本人）の立場に立って擁護する役割です。

近藤さん	「竹田さん、また麦茶ですか…」
竹田さん	「そうよ！　麦茶で晩酌って、いいアイディアでしょ。ミツオさんはわからないから大丈夫。家族にもこのくらいのことは連絡しなくてもいいわよね？」
近藤さん	「生意気なことを言って申し訳ありません。でも、ミツオさんが認知症で理解できないから、何も伝えなくていいっていうのは、違和感があります。もう一度ケアカンファレンスで話し合って、ご家族の意向を伺ってみませんか。ケアマネジャーの木村さんとも相談してご家族に話してみます。お酒が生きがいだというミツオさんにとっては、とても大事なことですから」

生活相談員としての役割を果たすには、職種だけではなく、経歴や人間関係なども気になると思います。近藤さんも「新人」という部分では、介護職員の竹田さんに気を遣いながら話しかけていることがわかります。

　しかし、配慮しながらも勇気を出して言語化しなければならないこともあります。事例の分岐点になった近藤さんの言葉には、経験の長い竹田さんへの気遣いの他にもう一つポイントとなる内容がありました。それは、場当たり的とも見える「麦茶を出す」という対応を批判するのではなく、なぜその対応に疑問を抱いたのか、またどうしたらよいのかということを相手に伝え、自分の考えを提案していることです。生活相談員は、利用者の人権を擁護するために、関係者への理解を得る働きかけを行うことも重要な役割といえます。

家族からの細かな要求に対する代弁

事例 3

　吉田さんは、特養「さわやか荘」に勤務して2年目の生活相談員です。実践や研修を通じて生活相談員の業務や役割について、少しずつ理解し始めています。その一方で、なかなか思い通りに業務を進めることができない現状にも直面し、大きなジレンマを感じています。

　最近、利用者のケイコさんとその家族をめぐって悩んでいます。

登場人物

利用者　　　：ケイコさん（85歳、女性）
家族　　　　：娘
生活相談員　：吉田さん（2年目）
介護職員　　：山田さん（パート勤務10年目）

娘　　　　　「吉田さん、足が冷たい時は厚手の靴下、温かい時は薄手の靴下を履かせてほしいって言ったじゃない。お願いした通りの介護をしていないってことですよ！　それから、母のタンスに他の人の下着が混ざっているような気がします。母は皮膚が弱いので、汗ばんでいたら、すぐに下着を取り換えてほしいってこともお願いしてあると思いますけど、対応していただいているのかしら…。ちゃんと介護職の人に伝えてくださいね」

吉田さん　　「わかりました。申し訳ありません。すぐに介護職に伝えて、徹底します。本当にすみません」

（吉田さんは、家族の要望が特養としての対応の範囲を超えているようにも感じましたが、できる限り家族（娘）の期待に応えるよう努力しました。その結果…）

山田さん　　「また、ご要望ですか…。日中の過ごし方についても、寝かせないでほしいとか、あまり歩かせないでほしいとか、細かいご要望がたくさんありますし、もっとゆっくりお湯に浸かれるようにしてほしいとか…。どんどん増えて、現場は大変なんです」

吉田さん　　「そうですよね…」

（介護現場では、家族からの度重なる細かな要望に対応しようと努力した結果、負担が増大してしまいました。後日…）

娘	「先日、お願いしたとおりに母の介護をしていただいているでしょうか」
吉田さん	（介護記録を見せながら）「いま、このような方針でケイコ様の介護をさせていただいています」
娘	「これはどういうことですか？ 「トイレ誘導」なんてっ。子どもじゃないんですから。ちゃんと意思表示できるはずですから、しっかりお願いしますよ、もう！」
吉田さん	「施設の窓口なんだから、もっと積極的に家族とかかわらなきゃいけないのに…。生活相談員としての力量が足りないのかなぁ」

　現場では、しっかり対応しているにもかかわらず、なかなか家族の理解が得られず、悩んでしまう職員も少なくありません。ケイコさんの家族から連絡が来ると、吉田さんは敬遠したい気持ちが働き、避ける雰囲気が相手にも伝わるようになってしまいました。吉田さんは、これ以上、介護職に負担をかけられないという思いもあり、どう対応すればよいか悩んでいます。

　吉田さんは生活相談員として家族の細かな要望や意向を聴取し、必要に応じてそれを介護現場に伝え、介護職に個別ケアを求めています。介護現場では、このような家族からの意向に対応して臨機応変に介護方法を検討し、利用者のQOL（生活の質）の向上のために、必要に応じて変更・調整をしています。しかし、吉田さんと家族とのかかわりや介護現場への伝え方については、いくつか問題となる点も見えます。

① ケアチームを巻き込んだ対応

　吉田さんは、家族から「靴下を履き替えるタイミング」や「湯船につかる時間」などの要望を聞き、そのまま介護現場に伝えてしまいました。つまり、生活相談員が、家族の要望を「承諾」しています。本当にそれでよいのでしょうか。

　生活相談員の役割の一つに「連携・調整業務」があります。これは、利用者・家族の意向や希望を的確にとらえたうえで、利用者のニーズとも照らし合わせながら、介護現場が現状においてどのような支援を行っているかを家族にもしっかりと伝え、必要な要望については改めてケアチームで検討を行い、対応を行うというプロセスを経る必要があります。もちろん早急に対応が必要な内容であればその限りではありませんが、通常は、生活相談員が支援内容を判断するのではなく、あくまでもケアマネジャーや介護職・看護職などと連携を図りながら調整を行うことが大切です。

② 利用者・家族の立場に立った対応

　生活相談員が家族に対応する場合に大切な姿勢として、「利用者や家族の当事者性」を意識して相手を理解することがあります。「当事者」とは、「その事または事件に直接、関係すること」（広辞苑 第7版）とされます。つまり生活相談員は、利用者・家族がこれまでの人生でのさまざまな体験を通した背景があるということを十分に理解し、その当事者が抱きがちな感情の傾向からどのようなニーズがあるのかなどを検討する必要があります。

　例えば、ケイコさんの家族（娘）の場合、ケイコさんが施設に入所したことでそれまでいつもそばにいた母親の様子を確認できなくなってしまい、「今、何をしているか」「元気で暮らしているか」「困っていることはないか」など必要以上に心配していることも考えられます。また娘自身も経済的な事情や体調の変化など、生きづらさを感じることでストレスを抱えている可能性もあります。家族は、利用者（母）にとっての介護者という立場ですが、介護施設との関係性では、「当事者」（本人のみならず家族も）という立場でもあり、複雑な心情を抱え込みやすい対象です。生活相談員はそのような家族の当事者性を意識しながら、共感的理解を図っていく必要があります。

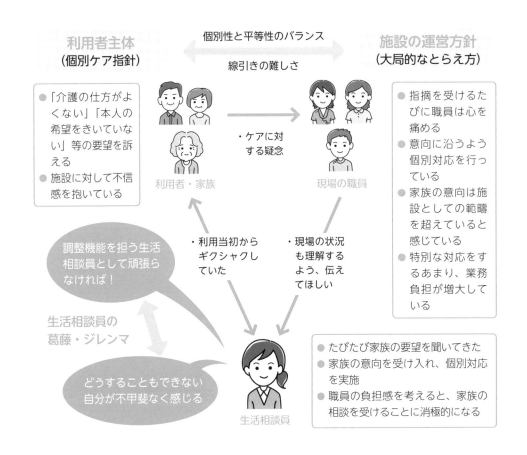

図2-5 ● 利用者と家族、現場職員、生活相談員の位置関係

利用者主体
（個別ケア指針）

個別性と平等性のバランス
線引きの難しさ

施設の運営方針
（大局的なとらえ方）

● 「介護の仕方がよくない」「本人の希望をきいていない」等の要望を訴える
● 施設に対して不信感を抱いている

利用者・家族

・ケアに対する疑念

現場の職員

調整機能を担う生活相談員として頑張らなければ！

・利用当初からギクシャクしていた

・現場の状況も理解するよう、伝えてほしい

● 指摘を受けるたびに職員は心を痛める
● 意向に沿うよう個別対応を行っている
● 家族の意向は施設としての範疇を超えていると感じている
● 特別な対応をするあまり、業務負担が増大している

生活相談員の
葛藤・ジレンマ

どうすることもできない自分が不甲斐なく感じる

生活相談員

● たびたび家族の要望を聞いてきた
● 家族の意向を受け入れ、個別対応を実施
● 職員の負担感を考えると、家族の相談を受けることに消極的になる

　もう一つ気になる点として、この事例では家族の要望が前面に出ていて、ケイコさん自身の意思が確認できません。家族からは、本人の希望を聞いていないという趣旨の苦情ともとれる内容の申し入れもあるため、利用者・家族を含む立場の異なるそれぞれの関係者の要望や意向を整理しながら調整することが大切です。ケアマネジメントにおいては、利用者主体は大原則です。たとえ、本人自ら意思表示することができなくても、どのような意向が考えられるか、これまでのかかわりなどから察していく取り組みも生活相談員の「代弁機能」として大切です。

③「代弁機能」を発揮する

　生活相談員は、たとえ言葉を発することができない利用者であっても、その心情に触れることで、その思い（意思）に気づかされることもあります。また家族とのかかわりを通じて、本人に伝えられない家族の思いを知ることもあります。

　利用者と家族の間で意向のすり合わせを行うのが最も自然な流れだと考えられ

ますが、介護者・要介護者となることで、それまでの関係性が変化し、それまでのように意思疎通を行うことが難しくなってしまうこともあります。そのような状況のまま介護サービスを利用するのは、お互いにとって好ましい関係とはいえません。家族関係はそれぞれです。したがって、生活相談員はどのようなケースであってもまずはありのままに受け入れ、必要に応じて利用者に家族の意向や思いを伝える、また家族に利用者の思いを伝えることが重要です。介護サービスの利用については、お互いにコンセンサス（合意）を得ながら進めることが求められます。

生活相談員の基礎知識⑦—代弁機能

　代弁機能は、利用者の人権を擁護する重要な機能の一つです。介護保険制度において、主体は利用者であり「自己選択」「自己決定」を促す支援が原則となっています。しかし、自分の意思を自身で発信することが困難になった場合、介助されるがままの状態になり、自分の権利（人権）を侵害されてしまうことも考えられます。本当は、そんなことをしてもらいたくない、あるいは、本当はこのように伝えたいのにうまく伝わらないなど、利用者の真意とは異なる状況を介護者側が作り出してしまうこともあり得ます。

　代弁機能とは、そのような自分の意思を伝えることが困難な状況にある利用者・家族の思いを汲み取り、相手に伝えていくことであり、生活相談員の重要な役割です。

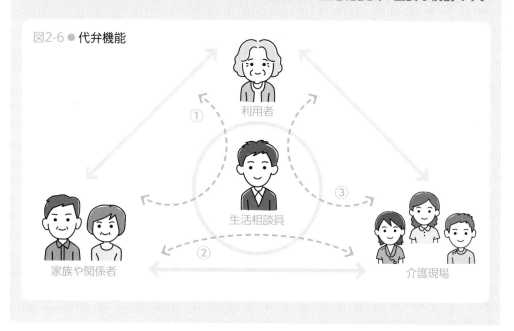

図2-6 ● 代弁機能

代弁者となる生活相談員は、自分の価値観や考え方を挟むことなく伝えます。例えば、利用者と家族との間に介入する場合は、利用者が家族に対して「遠慮」する気持ちをもっているかもしれません。思うように家族に本心を打ち明けられない状況では、生活相談員が代わりに家族へ思いを伝えます。また家族が抱いている心情や希望がうまく利用者に伝わっていないことも考えられます。生活相談員は、家族のそのような心情を、可能な限り利用者へありのままに伝えます。

また、介護現場では、利用者本位の介護を実践していても、何らかの誤解が生じて、家族に意思が伝わっていないという状況もあります。このような場面でも、代弁が必要です。代弁機能は、図2-6の①利用者と家族や関係者の間、②家族や関係者と介護現場の間、③利用者と介護現場の間など両者間に生活相談員が介入し、本人が伝えたいことを代わりに相手に伝達するという重要な権利擁護（アドボカシー）の機能です。

④ 事例の振り返り

多職種と協力して状況を伝える

ケイコさんの事例においても、日々の実践について誤解が生じている可能性があります。生活相談員は、書類に基づく形式的な説明をするだけではなく、介護職員がケイコさんに対応している様子を家族に見てもらい、状況に応じてケアマネジャーや介護リーダーなどからも、支援方針や日頃の様子などを伝えてもらいます。多職種協働で家族に状況を伝えることが大切です。

要望の背景を確認する

利用者や家族は、私たち職員には、想像もつかないさまざまな困難や生きづらさを経験している可能性があります。生活相談員は、「非審判的態度」（P56参照）を基本としながら、相手の立場に立った、共感的理解を図る必要があります。家族から寄せられた意見を「細かい要望」や「クレーム」と決めつけて対応するのではなく、なぜ相手はそのような要望をするのか、なぜ不安なのかなど、当事者性（当事者の立場）を意識し、相手を理解し、疑念感情を払しょくさせる誠意ある対応を行いましょう。

吉田さん	「離れて暮らしていると、お母様のご様子が見えなくて不安ですよね。ケイコ様を担当させていただいている介護職員から、日頃のケイコ様のご様子や普段のかかわりを説明致しますので、お部屋にどうぞお越しください。ケアプランの文面だけではわかりにくい点もあると思いますので、実際の介護の様子も見ていただきながら、ご要望をお聞きします」
娘	「そうですか…。直接、介護職の方に話せってことですか」
吉田さん	「もちろん、私も一緒にお伺いいたします。ご要望をお聞きしてから他の専門職ともよく検討し、ケイコ様にとってよい支援方法を提案させていただきたいと思います。それから施設として、ご意向に十分に沿えない部分については、状況をご覧いただき、代案も含めて説明させていただきます」
娘	「ところで、母は何か言っていましたか」
吉田さん	「先日、他の利用者様のお誕生日だったのですが、そのお祝いの会に一緒に参加されまして、『私も、もうすぐお誕生日だったと思います。楽しみです。いつも楽しませていただいて、ありがとうございます』と、満面の笑みで話してくださいました。そのときの写真がありますのでご覧ください」
娘	「あら本当に楽しそうに…。こんな笑顔、しばらく見ていないわ。最近、無表情になってしまったなと、気にかけていたので…。ありがとうございます」

　生活相談員は、利用者を中心に家族とかかわることが大切です。もちろん家族も当事者家族として支援の対象でもあります。生活相談員自身が利用者について把握するとともに、日頃かかわっている介護職員が感じるケイコさんの想いなどを介護職に聞くことも大切です。家族に知っておいてもらいたいことであれば、しっかり伝える必要があるでしょう。代弁機能は生活相談員にとって、利用者の権利擁護（アドボカシー）につながる重要な役割の一つなのです。

2 事業所における連携・調整

利用者一人ひとりには、さまざまな生活の背景があります。長い間、ひとり暮らしをしてきた人もいれば、たくさんの子や孫に囲まれて暮らしている人もいます。利用者の人生はまさにその人自身であり、その人の価値観を象徴するものです。多様性のある利用者への支援では、さまざまな専門職・関係者が多面的にサポートするための「連携・調整」が重要です。

事例4 特養の利用者の外出支援に対する多職種との連携・調整

吉田さんは、特養「さわやか荘」の生活相談員です。急性期病院での勤務経験が長い看護師の利用者への対応が厳しく、利用者や家族の意向に沿ったケアを展開するうえで難しさを感じています。ある日、吉田さんはフミさんの娘から母親を外出させたいと言われ、フミさんの外出支援をどう進めたらよいか迷っていました。

登場人物	
利用者	：フミさん（85歳、女性、要介護4）
家族	：娘・孫（二人）、夫は数年前に他界
生活相談員	：吉田さん（2年目）
看護師	

娘	「吉田さん、実は来週末に私の子どもたちが久しぶりに帰省します。母も孫たちの顔を見るのは久しぶりで…。家族で父のお墓参りに行くんですが、母も体調がよければ連れて行ってあげたいんです。難しいでしょうか」
吉田さん	「そうですか、お孫さんたちが久しぶりに帰ってこられるんですね。それはフミさんも喜びますね。フミさんのご意向も伺いながら、前向きに検討させていただきます」
娘	「母もだいぶ年ですから、もしかしたら父のお墓参りに行けるのも最後かもしれないと、ずっと気にかけていましたので」

(吉田さんは、フミさんや娘の気持ちを考え、何とか意向に沿いたいという思いから、申し送りの場面で、看護師に伝えました)

| 吉田さん | 「フミ様ですが、昨日、娘さんが面会に来られまして、亡くなられた旦那様のお墓参りに連れて行きたいとおっしゃっていまして…」 |
| 看護師 | 「吉田さん、娘さんの話を承諾しちゃったんですか。フミさんに外出なんて無理でしょう。リスクが大き過ぎますよ。フミさん、この頃、体調の浮き沈みがあるし、この炎天下に、要介護４の人を外に連れ出すなんてっ！　外出中は誰が介護をするんですか。何の相談もなしに二つ返事をしちゃって！利用者の体調を管理している私の身にもなってください」 |

　生活相談員の吉田さんは、ケアチームのメンバーである看護師と連携を図りながら業務を進めることができずにいます。家族の希望を聞くところまではよかったのですが、吉田さんは、生活相談員にとって、とても重要なことを忘れています。また、生活相談員と他職種との関係についても正しく理解できていないところがありそうです。この事例の吉田さんの対応のどこに課題があるか考えてみましょう。

① 生活相談員の立ち位置

　特養やデイサービスでは、利用者の一日のスケジュールがあり、介護職は、その流れのなかで利用者と接しています。一方、生活相談員は、利用者や家族と必要に応じて個別に接することがあります。それは、利用者の状況を把握するためのラウンド（巡視など）や家族への急な相談対応などです。

　また生活相談員は、入所時のインテーク面接や入所手続きなど他の職員に先駆けて利用者・家族と出会います。利用者・家族にとっては、不安ななかで出会う生活相談員は、深く印象に残ることになるでしょう。特に家族にとっては、さまざまな意向を伝えたり、事業所内での様子を教えてもらったりする重要な専門職になります。生活相談員は利用者・家族の意向をしっかりと受容し、共感的理解を図りつつ、

第2章　事例で読む　生活相談員の役割・機能

介護現場にその意向を伝える（代弁する）役割があります。

　利用者や家族の意向は、聞いた人によって受け止め方に違いが生じる可能性があります。今回の事例では、フミさんの孫であれば、「お母さんの願いを聞き入れてほしい」と思うでしょう。一方、介護職員は、利用者の体調も気になるはずですし、自身の業務上の責任も気になります。では、生活相談員はどうでしょうか。生活相談員は「利用者本位」の支援を実践するために、利用者・家族の希望・意向に積極的に耳を傾け、相手を受け止めることが大切です。利用者の当事者性に配慮しながら、「当事者ならばこのような思いを抱くはずだ」という相手目線での傾聴が必要です。

　これは、事例2でも取り上げた「擁護的支援」の役割（機能）です。なぜ「当事者性」を意識する必要があるかというと、生活相談員もさまざまな生活背景をもつ一個人であるため、個人の価値（観）を優先させてしまう危険性があるからです。生活相談員は、ソーシャルワークの価値とされる「利用者の最善の利益とは何か」を優先的に検討する必要があります。介護現場へ利用者・家族の想いを代弁する際に、どのような受け止め方をしているかによって伝え方が大きく変わってしまうからです。

② 他職種との連携

　生活相談員である吉田さんは、利用者・家族の意向を傾聴しましたが、それを支援につなげていくためには、まず多職種間での意向の共有化が必要です。先にも述べた通り、利用者の意向の受け止め方は、それぞれの専門職の置かれている立場や専門性によって異なります。例えば、看護師は事例のように、もし外出中に体調の急変があったら、フミさんを危険にさらすことになるかもしれないと考えます。これは看護師として当然のことです。また介護職員は、段差の多い墓地へフミさんを連れて行くには、慎重に介助を行う必要があるなと考えるはずです。利用者の真のニーズを解決するには、表面的な意向の理解だけではなく、言動の裏にある真意（言葉にならない気持ち）を汲み取ったうえで多職種が一つになり、医療面、生活面、社会面（人間関係）などの多面的な視点でのチームアプローチを行う必要があるのです。

　利用者の意向に沿った支援とは何かを考えた時、何を軸にするかによって、支援の方向性は変わります。健康リスクを負わない方針であれば、外出は認められなくなりますし、残り少ない生活のなかで、夫のお墓参りという大切な時間を過ごすこ

とを方針とすれば、そのために必要な協力体制を組むことになります。利用者・家族にとって最善の選択とは何かを生活相談員が中心となり、多職種協働で検討することが大切です。利用者の意向を大切にし、利用者主体の支援を実現しようとする姿勢こそが、ソーシャルワークの価値なのです。

吉田さんが、他職種とスムーズに業務を進めるためには、事前の打ち合わせや交渉（ネゴシエーション）が必要です。事例では、申し送りの場で唐突に、家族の意向を受け入れたことを伝えたため、否定的な意見が出たことが考えられます。もちろん多職種が連携し、チームアプローチを行う際は、職種によってリスクを重視したり、利用者の意向を優先したりと、多角的な視点が働くことも狙いの一つです。多職種にとって必要な情報をあらかじめ集約し、連携を図るための事前打ち合わせ・交渉を行うことも「多職種間の調整」をスムーズに進めて行くうえで大切です。

③ 利用者・家族に対する支持的支援

吉田さんは、利用者・家族から希望を聞き、それを現場に伝えるということしか考えていませんでした。だからこそ、申し送りの場面でも曖昧な伝え方となりました。他の職種に伝えなければならなかったことは、フミさんや娘の「想い」や「夫・父」との関係性です。それを生活相談員として代弁すべき、とても重要な場面です。

吉田さんは、フミさんや娘に体調などリスクについては明確にしたうえで、肯定的に受けとめながら意向を引き出します。そして、利用者の立場に立ち、利用者・家族に不利益が生じないように、他職種との検討や交渉を行っていくことが重要です。これを生活相談員の「支持的支援関係」といいます。

生活相談員の基礎知識⑧—支持的支援関係

特養やデイサービスを利用する人には、介護が必要となったことで自己否定感が強まっている人が多くいます。自己否定感があまりにも強くなると、老人性うつになったり、意欲減退につながったり、精神機能が停滞したりしてしまいます。それが引き金となり、自助力の低下を招き、パワーレスの状態になってしまう可能性もあります。

「支持的支援」とは相手を肯定的に受け止めるということですが、それは「慰め

る」という上からものを言うようなかかわり方ではありません。ありのままの利用者を受け止め、相手の言葉をそのまま、あるいは言い換えて返したり、利用者の気持ちをそのまま、あるいは受け取った思いを返すなど、基本的な応答技法を用いて、真に相手を理解しようとする姿勢が大切です。

　利用者本位とはいっても、すべて利用者の意向に沿うことができるかというと、そういうわけにはいかないこともあります。例えば、特養やデイサービスは介護保険法や老人福祉法などに位置づけられた指定事業者であり、目的に沿った運営が求められます。したがって、その基準・規定の枠を超えるサービスの提供は難しい旨を利用者・家族に説明し、理解を求める必要があります。つまり「支持する」とは、すべてを容認するという意味ではなく、利用者を肯定的にとらえ、対応が難しい意向に対しても、すぐに拒否するのではなく、利用者・家族の置かれている状況をふまえ、一度、受け止めたうえで、どうしても難しい旨をていねいに説明します。そして共に代案を検討する姿勢も示しながら、関係を築いていきます。

④ 他職種と連携するために調整（報告・連絡・相談）すべきこと

　吉田さんは、看護師とのやり取りで大きなミスをしています。看護師にとっては、フミさんは、「現在、体調に浮き沈みがあり、注意が必要な利用者」という認識でした。これは生活相談員も申し送り等の情報から把握しているはずです。したがって、娘から希望を聞いた際に、フミさんの数日中の体調や様子などの情報を提供し、互いに共通認識を得ておく必要があります。これはリスクマネジメントの一つでもあります。娘の了解を得たうえで、検討に入ることで、看護師の受け止め方も違っていたと思われます。

⑤ 事例の振り返り

他職種間の連携・調整を図る

　生活相談員はそれぞれの専門性を有する他職種に横断的にかかわり、また状況に応じて個別にそれぞれの専門職にとって必要な情報の提供や事前の打診なども行いながら、意向のずれを修復し、つないでいく役割があります。そのためには、他の職種に対する理解を深め、誰が何を担うのか、またどの情報を誰に伝達するのか、

どの情報を誰から入手するのか、報告・連絡・相談は誰にするのかなど、具体的に想定し、確認しておくことも大切です。

　看護師は業務独占であるため、看護師以外がかかわることのできない業務があります。一方で、介護職員にも専門職としての価値があります。お互いが交差する業務を言語化し、可視化を図ると同時に、声をかけ合いながら、どちらが行うか、または共同で行うかなどを確認することも大切です。看護師と介護職員が互いに協力し合って取り組んでいる事業所も多いと思います。細かな日々の打ち合わせは両者間で行い、運営方針や支援方針にかかわる際には、生活相談員が総合調整機能を果たします。

生活相談員の基礎知識⑨ ─ 連携・調整

　生活相談員の役割は何かと問われたら、「連携・調整」と答える人が多いのではないでしょうか。確かに「連携・調整」は、生活相談員の要となる役割です。「連携・調整」は、「連携」と「調整」を一括りにした機能としてとらえるのではなく、「連携」を図り、状況に応じて適宜、利用者に最適なサービスとなるよう「調整」するという一連のプロセスにより効果的に機能することを意識する必要があります。

　「連携」や「調整」は利用者だけでなく、他の職種、家族や地域関係者など幅広く実践されるものです。利用者と地域に点在する社会資源を適切につなぐことが「連携」ですが、両者の関係性を構築するために意図的にかかわり、対象間に摩擦が生じていれば、その要因を取り除くなどの働きかけを行うのが「調整」です。対人関係にかかわる動きですので、思う通りに事が運ばないこともあります。「連携」と「調整」は連続的に働きかけることで効果が期待できます。連携は調整によって常にニーズに沿った形に修正していく必要がありますし、必要がなくなったものは適切に評価を行いながら、更新していく必要もあります。

(生活相談員の吉田さんは、フミさんや娘の気持ちを考え、何とかして意向に沿った支援を行えるよう、まず看護師に相談を持ちかけてみました)

吉田さん　「昨日、フミさんの娘さんが面会に来られまして、フミさんの旦那様のお墓参りに連れて行きたいとおっしゃっていまして…。私としてはご家族のご意向を叶えてあげられたらと考えています。今のフミさんの状態をみながらご

相談できないかと思うんですが…」

看護師 「そうなんですね。フミさんに外出は難しいように思いますが…。フミさん、この頃、体調の浮き沈みがあるし、炎天下での外出は厳しいのではないかと思います。外出中は誰が介助するんですか」

吉田さん 「この機会に二人のお孫さんが帰省されるということで、家族で協力して連れていくとおっしゃっています。当日まで、体調をみながら、ということかと思いますが」

看護師 「そうですね。あとはフミさんご本人の気持ちもありますね」

吉田さん 「ご家族とも改めてご意向を確認してから、カンファレンスの議題として挙げさせていただこうと思います。よろしくお願いします」

　利用者や家族の意向を把握し、支援を行うということは、多職種が同じ支援方針を掲げ、一つになって利用者と向き合うということです。しかし実際の現場では、立場の違いが意識のずれを生み、微妙な支援の方向性（考え方）の違いに発展してしまうこともあります。

　生活相談員は、自身の専門性に加え、他職種の専門性の違いを理解し、相手の専門職意識を理解したうえで、（特養であればケアマネジャーも交えて）どのような支援を行うべきか、その方向づけの検討を重ねる必要があります。特養やデイサービスは、自宅とは異なる生活環境であり、利用者に気遣いをさせてしまい、利用者の真の意向を引き出すことを困難にさせている可能性があります。簡単なことではありませんが、表面には出てこない利用者の心の声（真意）をいつも意識して利用者とかかわり、他職種と共有することが大切です。

事例 5 デイサービスの利用者のサービス担当者会議をふまえた多職種との連携・調整

　トシオさんは、筋萎縮性側索硬化症（重症度分類3）、要介護3で、戸建ての自宅に、妻と長男夫婦と暮らしています。近所のアパートに長女が暮らしています。ハウスクリーニング会社の支店長として働いていましたが、息子と近所の川で趣味の釣りをしていたとき、竿を振る感触に違和感を覚え、病識をもつようになりました。その後、全身の筋力が著しく低下し、現在は、寝返りが困難な時もあり、夜間に妻を起こすことも珍しくありません。また歩行時の転倒も頻回になってきました。お気に入りの自宅で、できる限り生活したいと話しています。

　退院後3か月が経過し、新たなサービスの調整のため、居宅介護支援事業所のケアマネジャーの工藤さんから、サービス担当者会議の開催の案内が届きました。デイサービス「えがお」の生活相談員の坂本さんは、この会議でどのような情報を交換すればよいのかよくわからず、医療関係者も出席するこの会議を「敷居が高い」と感じていました。

登場人物

利用者	：トシオさん（58歳、男性）筋萎縮性側索硬化症（ALS）
家族	：妻（夫を献身的に支えている）
生活相談員	：坂本さん（介護職2年、生活相談員1年目）
居宅ケアマネジャー	：工藤さん（8年目）
訪問看護ステーション	：看護師
訪問介護事業所	：サービス担当責任者（介護福祉士）
福祉用具専門相談員	
住宅改修事業者	

表2-3 ● ALS重症度分類

1. 家事・就労はおおむね可能

2. 家事・就労は困難だが、日常生活（身の回りのこと）はおおむね自立

3. 自力で食事、排泄、移動のいずれか一つ以上ができず、日常生活に介助を要する

4. 呼吸困難・痰の喀出困難、あるいは嚥下障害がある

5. 気管切開、非経口的栄養摂取（経管栄養、中心静脈栄養など）、人工呼吸器使用

注）重症度分類2以上が指定難病の対象となる

工藤さん	「トシオさんの第2回目のサービス担当者会議です。住宅改修とデイサービスのご希望がありまして、どのように進めていくのがトシオさんにとってよい方法なのか、一緒に検討をお願いいたします」
坂本さん	「こんにちは、デイサービス「えがお」の生活相談員の坂本と申します。よろしくお願いします」
訪問看護師	「トシオさん、奥様、やはり寝室は2階がよいのでしょうか。1階のほうが安全ではあるのですが…」
トシオさん	「そうなんです。せっかく建てた家なのに、僕はこの先どうなっていくのか不安で仕方がない。毎日、今日はあれができたなぁ、これができなくなってきたなぁって、現実に直面することで、憂うつになってしまって…。せめて2階の窓から眺める山や川の景色だけは…」
福祉用具専門相談員	「トシオさん、いまの階段昇降機よりもホームエレベーターのほうがよいのではないかと思います。費用はかかりますが、将来的に考えると、そのほうが安全性や利便性が高いのではないかと思います」
住宅改修事業者	「お見積もりを出してみましょうか。介護保険の住宅改修費の適用になりますので、実績のあるタイプを探してみます」
工藤さん	「この頃、座位もとてもお辛いと話されていまして、ベッドで横になることも増えてきました。訪問看護、訪問介護、デイサービスについて、サービス利用時の様子を教えていただき、しっかり情報共有を図りましょう。奥様もご遠慮なく、気になったことはご連絡をください」
坂本さん	「わかりました…」（でも…、情報共有といっても、何を伝えればよいのだろう…）

　生活相談員といっても、特養とデイサービスでは、それぞれの特性に応じて、業務内容が異なります。デイサービスは、地域の社会資源の一つとして、居宅介護支援事業所のケアマネジャーのコーディネートにより、利用者へサービス提供を開始します。「サービス担当者会議」では、地域のフォーマル、インフォーマルな関係

者が一堂に会し、利用者支援の方策を検討します。

　居宅介護支援事業所のケアマネジャーは、利用者の意向に沿って新しい支援を調整し、ケアプランに位置づけます。事例のように住宅改修やデイサービスの利用の意向を確認した場合、ケアマネジャーはサービスの調整を行い、サービス担当者会議を開催します。デイサービスの生活相談員は、ケアチームの一員としての責務を果たすため、できる限り出席して情報共有を行うことが望まれます。生活相談員はデイサービスの事業所にとっては、地域住民や専門職・専門機関など関係者に対する窓口であり、対外的には支援を連携・調整する代表的な存在になります。

① サービス担当者会議の留意点

　デイサービスは、自宅で生活している利用者が対象です。実際のサービスを提供する場は、それぞれの事業所内ですが、利用者は「地域で生活を営む人」として、把握する必要があります。デイサービスではできても、自宅ではできないこともありますし、自宅では習慣的にやらないことも、デイサービスでは他者につられてやることもあります。デイサービスでの利用者像と自宅での利用者像は異なることもあるのです。したがって、デイサービス利用中に転倒しなければよいということではなく、自宅でもスムーズに移動できるよう支援を検討していくことが必要です。つまりデイサービスには、自宅で本人の望む生活を安全に、安心して実現できるように支援を行うことが期待されているのです。

　そのため、サービス担当者会議では、他にはどのようなサービスが位置づけられているのかを把握し、またそのサービス事業所と関係を築き、特に医療ニーズが高い利用者については、医療専門職との綿密な情報共有が必要となります。それぞれのサービス事業所が利用者とのコンセンサスを得るということもサービス担当者会議の重要な目的ですが、他のサービス事業所がどのような支援を行うのかを確認し、デイサービスも同じ方向性のなかで、一貫した支援体制を築くことができるよう、生活相談員が情報収集を行う必要があります。

② サービス担当者会議における生活相談員の役割

　多職種連携において最も大切なのは、利用者の主訴・思いを共有することです。さまざまな資格を有し、別個の背景をもつ専門職は、それぞれ専門職としての価値（最も大切にしたい指標・ものさし）があるため、一人の利用者をめぐり、同じ方向性で支援を行おうとしていても、結果的に意識のずれが生じることもあります。

支援の関係者が一堂に会し、利用者・家族を囲んで、本人の支援内容について話し合うということは、この「ずれ」を解消するために、とても重要な場なのです。

　もし、サービス担当者会議に参加できず、「照会」にて対応する場合は、検討内容について、後日、ケアマネジャーに確認します。また利用者の主訴・思い、サービス担当者会議の場での言動なども合わせて確認します。それらをデイサービスの職員に確実に伝えるなど、代弁機能をきちんと発揮することが求められます。

③ 事例の振り返り

サービス担当者会議は「多職種連携」の起点になる

　高齢者の多くは、複数の疾病や障害をもっています。したがってデイサービスでは、他機関と連携を図りながら、医療ニーズのある利用者に対しても受け入れを行うことになります。生活相談員は、医療ニーズ、生活ニーズなど、多様な対応を必要とする利用者に対して、何をどのように調整したらよいのでしょうか。

　トシオさんのように、医療ニーズのある利用者もデイサービスを利用することがあります。日常生活面を中心にした対応内容や利用者の状況を関係者に詳しく伝えることが大切です。他事業所とはサービス担当者会議を起点として連携を図ります。居宅介護支援事業所のケアマネジャーは連携の中心的存在となりますので、デイサービスの生活相談員は、原則としてケアマネジャーを介して他事業所との情報共有を図っていきます。ただし、綿密な情報収集や打ち合わせが必要な場合など、状況に応じて、他事業所と直接連絡を取り合うこともあります。この場合は、事前に居宅介護支援事業所のケアマネジャーの了解を得たうえで情報共有を行い、必ず報告します。

利用者の思いを汲み取り、代弁する

　生活相談員は、サービス担当者会議の場で、事業所内で最初に利用者・家族と接することになります。自宅での利用者の様子も目の当たりにすることで、さまざまな情報を得ることができるはずです。言葉で伝えらえたことだけではなく、部屋の雰囲気や状況を観察することも大切です。トシオさんは、「せめて２階の窓から眺める山や川の景色だけは…」と言っていますが、それがどのような意味なのか、よく考えてみましょう。

　58歳という若さのトシオさんには、ALSを患ったことで、どのような苦悩や思いがあるでしょうか。「せめて…」という言葉には、トシオさんの思いが込められ

ています。生活相談員は、デイサービスとして今後どのような支援方針でかかわっていったらよいのか、トシオさんの思いに寄り添った通所介護計画を立て、職員間でしっかりと共有する必要があります。そしてその方針に沿って取り組んだ支援内容とその時のトシオさんの様子をケアマネジャーに報告します。

利用者の視点に立った調整を行う

　デイサービスを利用するにあたり、トシオさんにはさまざまな不安があるはずです。自身の疾病の進行状況、生活機能、また、年齢も若いことから他の利用者との関係性、デイサービスという場への適応など…。生活相談員はトシオさんの「当事者性」を理解し、利用者の視点に立った調整を行うことが大切です。デイサービスでは、医療的判断はできません。ケアマネジャーを介して、あらかじめ主治医に、デイサービスを利用する際の留意点を確認しておくほか、緊急時の対応方法についても、関係者と検討しておくことが大切です。

工藤さん　「この頃、座位もとてもお辛いと話されていまして、ベッドで横になることも増えてきました。訪問看護、訪問介護、デイサービスについて、サービス利用時の様子を教えていただいて、しっかり情報共有を図りましょう。奥様もご遠慮なく、気になったことはご連絡をください」

坂本さん　「わかりました。デイサービスでは、麻雀をしたいとおっしゃっていました。ちょうど麻雀がお好きな男性の方が何名か利用していますので、利用日の調整ができればと思います。トシオさん、デイサービスにも看護師が勤務していますので、ご心配なことがありましたら、何でも話してください」

　生活相談員の坂本さんは、サービス担当者会議で確認した利用者の意向、家族の希望や思いをデイサービスに戻って伝達するという役割の重要さを改めて感じていました。またALSの特徴をふまえ、居宅介護支援事業所のケアマネジャーはじめ訪問看護師など医療関係者とていねいに情報交換し、時に専門医からの助言も必要だと考えました。

　デイサービスは、医療ニーズのある利用者も多く通所します。利用者個々の状態像に応じて、事業所内外の関係者と密接なパイプを作り、多職種協働での支援体制を作るのが生活相談員の役割です。デイサービスでの支援において把握した新たな情報は居宅介護支援事業所のケアマネジャーを通じて、ケアチーム全体で共有を図ることも忘れてはなりません。

事例 6 　認知症の利用者の支援に対する情報収集・情報提供

　坂本さんは、デイサービス「えがお」の生活相談員です。2年間介護職員として業務経験を積んだ後、生活相談員として気持ちも新たに仕事に励んでいました。近隣の居宅介護支援事業所のケアマネジャーから新規利用の相談があり、サービス担当者会議を経て、シゲオさんを受け入れることになりました。

　シゲオさんは週2回の利用で、すでに別の大規模デイサービス（Aデイサービス）を週2回利用しているとのことでした。利用を始めてから3週間が過ぎ、課題が見えてきました。

登場人物

利用者	：シゲオさん（78歳、男性）、アルツハイマー型認知症
家族	：妻と二人暮らし（子どもは独立し、近所に住んでいる）
生活相談員	：坂本さん（介護職2年、生活相談員1年目）
介護リーダー	
Aデイサービス生活相談員	
居宅ケアマネジャー	：工藤さん（8年目）

介護リーダー	「坂本さん、シゲオさんは、ケアマネジャーさんからは失禁があるって言われたんですよね。認知症による機能性失禁ということでしょうか」
坂本さん	「シゲオさんが以前から利用しているAデイサービスで、毎回、利用中に失禁があるらしいです。『お便所に行きましょう』と声をかけても『出ない、行かない』と言って、席から動こうとしないということでした」
介護リーダー	「そうですか。実は、ここでは、失禁はないんです。なぜなのかと思いまして…。ここでは、いつもにこにこしていて、表情も悪くないし、声かけにもしっかりと反応してくれます。排泄の介助は必要ですが、トイレにご自分で歩いて行かれます」
坂本さん	「そうですよね。おかしいなぁ。確かに、Aデイサービスでは失禁があるって伝えられたんだけれど…。まあ、他の事業所には聞きにくいし、ここでは失禁していないなら、まあいいか…」
介護リーダー	「坂本さん、機会があったら聞いてみてください。よろしくお願いします」

　坂本さんは、介護職員として2年間の勤務経験の後に、生活相談員になりました。介護職員は、目の前の利用者と向き合い、生活をサポートするのが役割ですが、生活相談員は、利用者の生活課題の解決のために、事業所の外にも意識を向け、地域のさまざまな関係者とも関係を築きながら業務を進めていく役割を担っています。その対応には臨機応変さも求められてきますが、新任の生活相談員にとって、その場で業務をどう進めるのかを判断するのは、難しいこともあるのではないでしょうか。ここでは、「情報収集・情報提供」の機能について考えます。

① 情報収集とは

　「情報収集」とは、利用者の支援に必要な情報を意識的に得ることをいいます。シゲオさんの例では、まず、居宅介護支援事業所のケアマネジャーから新規利用の打診がありました。デイサービスの生活相談員の坂本さんは、曜日ごとの利用者数を確認し、数日おきに週2回の利用が可能であると回答します。情報収集は、この時点ですでに始まっています。

　生活相談員は、ケアマネジメントの「サービス導入期（インテーク）」からアセスメントという流れに沿って、その時々で必要な利用者情報を得たうえで、介護現場に伝え、利用者の状況を把握しながら支援します。当たり前のように思えるこのプロセスですが、生活相談員は、ケアマネジャーからの情報を受動的に得るだけになっていないでしょうか。ケアマネジャーからの情報はもちろん重要ですが、介護現場でのかかわりから得られた情報は、より大切です。生活相談員は、関係機関から得られた情報を土台としつつ、意識的にリアルタイムで得られる介護現場からの情報を収集することで、実際の利用者の状態像を把握します。

② 情報収集・情報提供の目的

　生活相談員が行う「情報収集」や「情報提供」には、その場面や状況によって、さまざまな要素が含まれます。例えば、生活相談員の坂本さんが、介護職員にシゲオさんのADLについて伝える場面では、新規利用者としてこれからシゲオさんの対応にあたる際の介助方法の手がかりを掴んでもらうという目的があります。つまり情報提供のタイミングも重要です。

表2-4 ● 生活相談員が実施する情報収集の目的

利用者に関する情報	介護現場で展開される「介護過程」の重要な手がかりとなる基礎情報。今後の介護方針の根拠となる。
家族・関係者に関する情報	利用者の主介護者やキーパーソンに関する情報。また家族との関係性、協力的な支援を得られるのかなど、利用者の身元保証人（代理人）としても大切な情報となる。
事業所内のサービスの情報	チームケアによる多面的な支援体制がとれているかを確認する。他の選択肢の有無について検討を行う。
事業所外のサービスの情報	事業所外のサービスや関係者とのつながりを理解する。他のサービスも考慮し、体系的な支援方針を検討する。
事業所運営	事業所の運営状況を数字で理解することで、今何をすべきか、利用率、稼働率アップの方策を練る材料とする。必要に応じて運営指針を修正する。
近隣施設・他施設の情報	地域包括ケアに向けて、同じ地域を福祉拠点とする事業所間の情報共有、連携を図る。
地域住民のニーズ	地域ニーズに即した地域貢献活動を通じて、地域に根差した事業所運営を可能にする。
地域社会資源（フォーマル・インフォーマル	地域に点在する社会資源を活かした利用者支援を実現するための地域アセスメント、ソーシャル・サポート・ネットワークの構築、地域社会資源と事業所との関係づくり。
苦情	苦情申請者の受容、傾聴、謝意を伝える。介護事故や不適切な対応などの再発防止。

表2-5 ● 生活相談員が実施する情報提供の目的

申し送り	ケアプランに沿った適切な支援を行うための情報共有。利用者・家族の意向や専門職間の情報共有。
ケアカンファレンス（特養）	新規利用時、更新時、状態変化時の支援方針の検討や再検討、個別ケアや留意事項の確認、利用者にとっての最善の利益に基づいた支援体制の確認など。
サービス担当者会議（デイサービス）	利用者・家族とのサービス提供内容についての合意（コンセンサス）を得るための情報提供。情報提供と同時に情報収集も必要。
地域ケア会議	事業所の利用者の個別事例を通して、地域ニーズを掘り起こし、発見するための事例提供。
事業所内運営会議	各部署間の意識のずれを補正し、全職員への運営方針の徹底を図る。
利用者・家族	説明と同意（インフォームド・コンセント）に基づいたサービス提供の実現。運営方針や介護方針の明確化、ケアプランに基づいた支援への説明責任（アカウンタビリティ）。
苦情解決に向けての説明	苦情内容についての事実確認と説明責任の遂行。信頼回復のための修復的関係づくり。
入所・通所契約時	事業所の規定・介護保険制度の説明と同意、合意形成（コンセンサスを得る）。

この事例では、Aデイサービスでの失禁の様子が後から伝えられていますが、本来は、居宅介護支援事業所のケアマネジャーから情報を得てすぐに介護職に伝える必要があります。高齢者の身体状態や精神状態は変化します。それらの状況を把握しながら、常に利用者にとっての最善の利益を考慮したサービス提供を求められるのが介護現場です。そこで重要なカギとなる「情報」を取り扱う生活相談員には、多面的な視点で情報収集・情報提供を行うことが求められます。

③ 事業所を超えて行われる情報共有

　生活相談員の坂本さんは、シゲオさんの排泄ケアの状況を介護リーダーから聞き、Aデイサービスでの排泄の状態と異なるため、Aデイサービスの生活相談員に利用中の様子に関する情報を確認する必要があります。その後、ケアマネジャーに情報を伝える場面では、単に自分の事業所での様子を話すのではなく、小規模なデイサービスでは、失禁は見られず、トイレで排泄できているため、環境の変化による失禁の可能性があることを伝えることも大切です。つまり、何らかの環境が影響してシゲオさんは機能性失禁[*5]が引き起こされている可能性もあるわけです。したがって、サービス内容の検討やチーム連携で多面的な視点で観察していく必要性をケアマネジャーに伝え、多職種間で共有するという重要な目的があります。

　生活相談員は事業所内の職員間の連携はもちろんですが、サービス担当者会議や地域ケア会議、運営推進会議など、地域のさまざまな関係者が出席する場において、必要に応じて事業所内の様子や生活相談員自身の気づきなども情報提供することが必要とされています。

生活相談員の基礎知識⑩ ― 個人情報保護と情報開示

　介護事業所に保管・管理されている利用者や家族の情報は、「個人情報」です。「医療・介護関係事業者における個人情報の適切な取り扱いのためのガイダンス」（厚生労働省）によると、「個人情報」とは、生存する個人に関する情報と定義され、「当該患者・利用者が死亡した後においても、医療・介護関係事業者が当該患者・利用者の情報を保存している場合には、漏えい、滅失又はき損等の防止のため、個人情報と同等の安全管理措置を講ずる」こととされています。生活相談員は、利用者の権利を擁護するため、個人情報保護のための事業所内の仕組みづくりを進める役割があります。

　一方、利用者本人や家族には、個人情報を「知る権利」があります。本人・家族から「個人情報の開示」を請求された場合は、個人情報の内容や記録・保管の方法、また使途などを実際の記録物の閲覧を通じて開示します。

　個人情報は、「個人情報使用同意書」に基づいて、本人（または後見人）の同意を得たうえで取り扱う必要があります。

[*5]　認知症のためにトイレの場所がわからない、排泄するという行動が理解できないといった状況下で起こる失禁のこと

個人情報使用同意書（例）

　私（利用者）、及びその家族の個人情報については、次に記載するところにより、必要最小限の範囲内で使用することに同意します。

記

１．使用する目的
（１）利用者の介護認定の申請、更新、または変更のため
（２）施設サービス計画に沿って円滑にサービスを提供するために実施されるサービス担当者会議及び介護支援専門員、その他関係専門職との連絡調整等において必要な場合
（３）他の居宅サービス事業者や居宅介護支援事業者、地域包括支援センターとのサービス担当者会議、照会への回答のため
（４）病院、診療所、薬局、介護事業所などとの連絡調整のため
（５）利用者等からの苦情に関して県市町村等が行う調査への協力のため
（６）損害賠償保険等にかかわる保険会社等への相談または届出のため
（７）その他の関係者と連携を図るため、医療従事者や介護従事者その他の関係者が共有すべき介護情報を含む個人情報の提供

２．使用する事業者の範囲
利用者が提供を受けるすべてのサービス事業者

３．使用する期間
契約で定める期間

４．条件
（１）個人情報の提供は必要最小限とし、提供にあたっては関係者以外の者に漏れることのないよう細心の注意を払うこと
（２）個人情報を使用した会議においては、出席者、議事内容等を記録しておくこと

社会福祉法人　○○会
特別養護老人ホーム　△△苑　御中

令和○○年○○月○○日

　　＜利用者＞
　　　　住所
　　　　氏名　　　　　　　　　　　　　　　　　　印

　　＜家族の代表＞
　　　　住所
　　　　氏名　　　　　　　　　　　　　　　　　　印

利用者は、身体の状況等により署名ができないため、利用者本人の意思を確認のうえ、私が利用者に代わって、その署名を代筆しました。

　　＜署名代筆者＞
　　　　住所
　　　　氏名　　　　　　　　　　　　　　　　　　印

生活相談員の基礎知識⑪－アカウンタビリティ

　アカウンタビリティは、「説明の義務・責任」のことです。介護事業所においてアカウンタビリティが必要となるのは、苦情解決に向けた利用者・家族への対応や事

故の原因究明などの場面が考えられます。

　介護事業所における苦情の内容では、「礼節」が最も多いことからすると、求められるアカウンタビリティとは、利用者に対するその時々の接遇や言葉かけについてだけではなく、普段からの事業所の姿勢や対応を説明するということまでも含まれます。介護事業所では、重要な状況であれば管理者が対応すべきですが、利用者・家族へのアカウンタビリティは、生活相談員の重要な役割の一つとされています。

④ 事例の振り返り

情報を双方向で共有する

　デイサービスは、居宅介護支援事業所のケアマネジャーが作成する居宅サービス計画書（ケアプラン）に沿って、通所介護計画書を作成し、サービスを提供します。この時の情報提供の流れは、ケアマネジャーからデイサービスとなります。しかし、実際にサービスが開始されると、利用者に直接かかわり、生活機能を観察する機会はデイサービスの職員のほうが多くなります。

　入浴や排せつなどの介護場面では、肌を露出するので、あざや擦過傷を発見することもあります。また歩行の状態や会話の内容、表情など、利用者のさまざまな様子を見ることができます。その様子は、デイサービス内で共有されるだけでなく、ケアマネジャーに伝えることが大切です。情報共有は一方向ではなく、双方向に行うことで、多面的な利用者ニーズの把握にもつながっていきます。

情報は自分から集める努力をする

　一般企業でも上司が部下に、「報告・連絡・相談（ホウ・レン・ソウ）」を徹底している光景をよく見ますが、介護事業所でも同様です。また申し送りの場面などで、多職種間で「伝えた」「聞いていない」と主張が食い違うこともあるのではないでしょうか。情報は、言葉や文字を介して伝えられますが、伝えた側と受け取る側が同じニュアンスで理解しているかというと、必ずしもそうではありません。情報は100％正確には伝わらないものと認識し、徹底すべき内容を強調して伝えることが大切です。また生活相談員が必要だと思う情報は、自分から積極的に収集する姿勢も大切です（P105参照）。

坂本さん　「そうですよね。おかしいなぁ、確かに失禁があるって伝えられたんだけど。Aデイサービスに問い合わせてみよう」

（生活相談員の坂本さんは、シゲオさんの失禁の原因が環境面の違いにあるのではないかと考え、Aデイサービスの生活相談員に利用中の状況を確認しました。Aデイサービスは規模が大きく、毎日大勢の利用者が顔を合わせ、個別機能訓練やレクリエーション活動などを活発に行っていることがわかりました。そのなかでシゲオさんは、きょろきょろと辺りを見回し、不安そうにしている様子だとのことでした。坂本さんは、Aデイサービスの生活相談員に、自分のデイサービスでの様子も伝え、シゲオさんの対応について意見交換を行い、ケアマネジャーに報告しました）

工藤さん　「わかりました。「えがおさん（小規模なデイサービス）」では排泄もうまく行えているんですね。来週、モニタリングでご自宅に伺いますので、奥様にも様子をお聞きしながら、サービスの変更も視野に検討してみます。シゲオさんには、家庭的な雰囲気の場所が落ち着くのかもしれませんね。坂本さん、情報提供ありがとうございました」

（後日、朝の申し送りの場面で…）

介護リーダー　「それでは朝の申し送りを始めます。坂本さん、お願いします」

坂本さん　「…ということで、シゲオさんと奥様の意向もあり、ケアプランが変更になりまして、週４回の利用になりました」

介護リーダー　「うちのデイは、毎日利用する人が多いですね」

坂本さん　「それが認知症対応型のデイサービスに求められている役割ということですね」

　利用者の状態は、日々、変化します。場合によっては、昨日できていたことが、今日はできないということもありますし、その反対の状況もあり得ます。生活相談員には、目の前にいる利用者の状態像を観察して得られた情報だけに頼るのではなく、関係機関などさまざまな専門職からも情報収集し、多面的な把握に努めていくことが大切です。

　問い合わせるということは、聞かれた相手にとっても、何らかの意識づけになるはずです。そこから新たな情報共有につながることもあるため、時間をいとわずに関係者へ連絡をとり、疑問に感じたことはその都度、確認しておきましょう。

事例7 利用者へのサービスの質の向上に向けた取り組み

　特養「あおぞら荘」の生活相談員の近藤さんは、入所者のハナコさんについて、もう少しケアプランを意識する必要があると考えています。しかし、毎日、利用者と向き合い、業務に追われている介護職に支援内容についての申し入れをするのは申し訳ないと思っています。そのようななか行政の監査があり、ケアプランが十分に利用者支援に活かされていないと指摘を受けてしまいました。

登場人物

利用者　　　：ハナコさん（85歳、女性、要介護3）
生活相談員：近藤さん（1年目）
介護職員　：竹田さん（パート勤務6年目）

近藤さん　「介護職はみんな忙しいから、これ以上の申し入れは無理だろうな…。何て話そうかな…。でも、介護記録の書き方も今のままでは、問題があるなぁ。竹田さんに相談してみよう…」

近藤さん　「竹田さん、昨日、監査があって、介護記録について、もっとケアプランをふまえて書くようにと指摘を受けてしまいました。ハナコさんは、ケアプランに歩行機能の維持と明記されていますが、以前よりも不安定になって来ています。でも介護記録には、いつも「歩行介助をする」としか書かれていないので、どのような介護をしているのか具体的にわかるように書く必要があると指導されました」

竹田さん　「そんなことを言われたんですか…。でも、これ以上は無理ですよ…。記録を入力する暇があったら、利用者対応をしなきゃ…」

近藤さん　「そうですよね。でも、私も施設長に叱られてしまいますし、何とかなりませんか」

竹田さん　「そんなことを言われても…。現場の大変さもわかってください」

(近藤さんは、介護職の竹田さんに拒否的な反応を示されたことで、どのように対応していくべきか、ますます悩んでしまいました)

近藤さん　「何で私がこんなことをしなければならないのかなあ…。施設長が直接、介護職に話してくれれば、現場の雰囲気も変わるはずなのに…。新人の私がえ

らそうに業務改善の申し入れなんて…」

　介護事業所で提供されるサービスは、利用者本位であることが求められています。しかし、具体的にどのような介護方法で利用者にサービスを提供するかは、ケアプランに示されているわけではありません。したがって、サービスの内容は、介護事業所や職員の解釈によって展開されます。介護事業所では、事業所として一貫性のあるサービスを提供するため、カンファレンスを開いて検討し、マニュアルの整備や職員への研修・勉強会を開催しています。また、事業所内部の関係者のみならず地域の関係者の協力も得ながら、多面的なチェック機能を設けて業務改善に向けて努力しています。

　この事例で生活相談員の近藤さんが果たすべき役割は何でしょうか。この状況を改善するには、どのような方法が考えられるでしょうか。

① 現場の業務意識の把握

　介護事業所の生活相談員が、まず、理解しておかなければならないのは、生活相談員は、人員配置基準の少ない専門職であるということです。例えば、特養では「利用者100名に対して常勤1名以上の必置義務」であり、デイサービスでは「サービス提供時間を通じて単位ごとに1名の必置義務」となっています。そのような背景の影響もあり、生活相談員は他の職種との関係性において遠慮がちになってしまう傾向があります。

　この事例でも、生活相談員の近藤さんは、「介護職は忙しい」「利用者対応が大変」と言われるのではないかとネガティブな思考になっています。もちろん相手がどのような意識で業務を行っているかなどを把握することは大切ですが、必要以上に気を遣い、その後の対応を躊躇してしまうようでは仕方ありません。生活相談員は、たとえ後ろ向きの意見であってもしっかり聞き取り、現場の業務意識について

も把握しておく必要があります。確かに自分にとって都合の悪い話は聞きたくないという心理がありますが、むしろそのような後ろ向きの意見を吐露してもらうことも大切です。

② ジェネラリストとしての役割

　業務改善を提案され、「できない」「無理」と答える職員の多くは、現状の多忙な業務を固定化（ルーティン化）しており、そこに新しい業務や新しい方法を取り入れるのは無理であると主張します。そこで、現状＋αを提案するのではなく、現状を変えていく提案をします。ルーティン化していることで気づかない介護現場へ一石を投じるという役割です。

　生活相談員だからこそ気づいたことを介護現場とともに考えていくことは、重要な役割です。生活相談員の強みは、マイノリティな存在であること、直接援助だけでなく、間接援助業務も行うジェネラリストという立ち位置の専門職であることではないかと考えます。看護師や介護職員と比べて業務の守備範囲が広く、幅のある立ち位置で臨機応変に業務に介入することが求められるのが生活相談員です。生活相談員である自分に対して、介護職はどのような役割を求めているかを考えながら、同時に、自分は介護現場に対して何を働きかけるべきか、またどのようなかかわり方をすべきか、身の振り方を考える必要があります。それは「できない」「無理」ではなく、どうすれば現状の多忙な状況下で「できるか」を検討することで、他職種の理解にもつながり、お互いの歩み寄りのきっかけにもなります。

　特養やデイサービスにおいて質の高い支援を展開するには、ケアチームが専門領域の枠を超えて互いにフォローし合う「多職種協働によるチームアプローチ」が意識的に展開されていることが重要です。生活相談員が一人で何かをするのではなく、多職種の協力を得ながら業務を進めていけるような関係づくりを意識しましょう。

③ 利用者の擁護者としての役割

　生活相談員にはサービスの質をチェックする役割があります。チェックというと管理的な印象がありますが、そうではありません。サービスは利用者のためにあるので、活相談員は利用者の擁護者として、利用者と同じ目線で、事業所がどのようにサービスを提供しているか、また利用者にとって不利益が生じていないかを確認する役目があります。またその取り組みの過程で、他職種からさまざまな意見を聴

取することも大切です。

　サービスの質のチェック機能を担うことに加え、評議員や福祉オンブズマンなど、事業所と利害関係にはない第三者の協力を得ることも大切です。「サービスの質」の向上を図るためには、例えば利用者の自尊心や意向を尊重する権利擁護や苦情解決、安全・安心な介護の提供、地域が住みよい街になるための活動（地域貢献）など、法人・事業所としての工夫を凝らしたさまざまな取り組みが必要です。それらについて自己点検を行い、自ら事業所の問題点を浮き彫りにし、自主的に解決に向けて取り組む体制を構築していきます。生活相談員にはこれらの「サービスの質のチェック機能」の体制づくりが役割として期待されています。

　また、福祉サービス第三者評価（全国社会福祉協議会）なども、事業所の体制整備に活かすことができます。地域に開かれた事業所づくりとしては、投書箱の設置やボランティアへのアンケートや意見聴取なども、率直な意見をもらう機会になるはずです。

　なかには、「利用者家族懇談会」の開催、「家族後援会」（利用者の家族が主体となって運営する互助会）などとの関係づくりを行っている事業所もあります。生活相談員には、さまざまな方法で、事業所の透明性を確保し、サービス提供の正常化を図る取り組みが期待されています。

生活相談員の基礎知識⑫ ― 直接援助・間接援助・関連援助

　社会福祉援助技術の方法論を体系化すると、①直接援助技術、②間接援助技術、③関連援助技術に分けられます。生活相談員は、これら三つの相談援助技術（ソーシャルワーク技法）を手段として活用しながら対人援助を行います。

表2-6 ● 社会福祉援助技術の方法論

直接援助技術	問題解決のために、サービスを必要としている人に対して、援助者が直接かかわりながら援助を行う技術のこと。ケースワークとグループワークに分類される。
間接援助技術	個人やグループに直接働きかけるのではなく、地域社会や関係機関などに支援を求めることで、利用者に対して間接的に働きかける技術。コミュニティワーク、ソーシャルワーク・リサーチ、ソーシャルアドミニストレーション、ソーシャルアクション、ソーシャルプランニングなどがある。
関連援助技術	直接援助技術や間接援助技術に関連する援助技術。直接援助や間接援助とともに行うことで、より効果的な支援を行うことができる。ソーシャル・サポート・ネットワーク、ケアマネジメント、スーパービジョン、カウンセリング、コンサルテーションなどがある。

　直接援助技術は、利用者にかかわる支援に用いられ、ミクロ領域で活用されることが多い技術です。間接援助技術と関連援助技術は個々の利用者から地域関係者や法制度、政策へと広がるメゾ・マクロ領域で活用されることが多い技術です。介護事業所の生活相談員においては、関連援助技術に「ケアワーク」が含まれるとする考え方もあります。また、生活相談員は事務関連の業務や生活相談員の専門性を活かした業務とは言い難い広報活動なども行っているという調査結果もあります。それらを前向きに解釈すると、利用者の支援の下支えとなっていると考えることができます。それぞれの業務に、どのような目的意識をもって取り組むかという生活相談員の姿勢によっても、業務の成果は変わってくるといえます。

生活相談員の基礎知識⑬ ― 福祉オンブズマン

　オンブズマンとは、スウェーデン語で「代理人」を指す言葉で、行政監査など事業内容の監視を行う団体の活動を意味します。福祉オンブズマンは、福祉サービス全般に関する利用者からの苦情を公正かつ中立の立場で調査し、解決にあたるための制度です。

　福祉オンブズマンは、社会福祉法人などが運営する福祉サービスや介護保険サービスの内容、介護職員の接遇などについて、①福祉サービス事業者などの対応に納得することができないとき、②福祉サービス事業者などに苦情を申し立てにくいときなどに、利用者に代わって関係者から事情を聴取するなどの調査を行い、必要に応じて、地方自治体の機関に対してサービス内容などを見直し、是正するよう勧告を行い、運営方法や介護方針を改めるよう意見表明するなどして速やかに苦情解決にあたり、救済を講じる仕組みです。福祉サービスの利用者本人の他にも、家族・同居人などによる申し立ても可能です。それぞれの地域に根差した福祉オンブズマンの団体があります。

④ 事例の振り返り

コーチングの技法を活用する

　この事例で近藤さんが最も悩んでいたのは、介護職への業務改善の申し入れをするかどうかでした。介護現場は多忙を極めているため、業務改善の提案をしても反発が大きいと思い込んでいます。しかし「反発」というのは、例えば上司から部下に対して一方的に何かを強制された場合などに生じるのであって、もし介護職員自らが取り組む必要性を感じるのであれば反発は起こりません。

　対人関係を保ちながら双方向で解決策を見出していくコミュニケーション技法として、コーチングがあります。

コーチングとは…	業務等を進める場面で、上司が部下の人材教育を行う手法の一つで、むやみに叱ったり批判したりするのではなく、部下の話を対話によって引き出し、きちんと受け止めることで、自発的にすべきことを気づかせ、成長へとつなげていくコミュニケーション技法。

生活相談員の近藤さんが、行政監査での指摘を受けて行うべきことは、介護記録についての現状の問題点を話し合ってもらい、介護職のなかに問題意識を芽生えさせることです。そこでは、後ろ向きな発言も出てくると思いますが、後ろ向きな意見についてもしっかりと傾聴します。そのうえで「できない（と思っている）こと」と「（絶対に）するべきこと」を明らかにしてもらいます。すると「できない」「無理」を押し通している職員のなかにも本当は、「介護記録は、今のままではいけない」「現状の忙しい状況で、最低限取り組めることは何か」など前向きな意見が出てくる可能性もあります。少人数であっても介護現場からそのような意見を引き出すことが大切なのです。

　業務改善は決して上司や相談職から押し付けられたことではなく、本来は介護職員が自ら気づいて取り組んでいくべきことなので、生活相談員はそれをバックアップすることが、事業所にとって重要な役割を果たすことになります。

竹田さん	「そんなことを言われても…。現場の大変さもわかってください」
近藤さん	「もちろんそうですね。現場は利用者への対応で大変ですから。私も行政の指導があって、改めて記録の目的を考えてみたのですが、忙しいから書けない、時間があるから書けるというものではないように思います。竹田さんはどう思われますか。記録を書くのは大変ですが、何かに活かせないでしょうか」
竹田さん	「確かに、以前はこんな状態だったとか、こんなことができたなど、改めて記録を振り返ることで気づくこともあります」
近藤さん	「やはり記録は必要だから書くんですよね。効率化のために最新の記録システムを入れてもらう…というのは、急には難しいとしても、少しでも記録の改善につながる方法を検討してみませんか。介護リーダーにも話してみます」
竹田さん	「現場は忙しいから…。でも、次回のユニット会議で話し合ってみましょうか」
近藤さん	「そうしましょう。忙しいところ申し訳ありませんがよろしくお願いします！」

「目的」「目標」を共有し、業務改善などの提案をする

　コーチングの技法を取り入れたサービスの質のチェック機能ですが、他職種への提案を行う際に、相手の意見を先に引き出して把握することの他に、もう一つ重要なことがあります。それは「目的」と「目標」を両者で確認し、共有することです。

目的：何のための業務改善なのか、なぜ改善する必要があるのか。

目標：いつまでにどのような業務改善を行うのか。

「目的」と「目標」が職員間で共有されていなかったり、管理者側から「改善」を押し付けられた状況での検討だったりすると、その先にある理念や指針に基づいた支援は望めません。コーチングでは、それを職員に押し付けず、自発的に問題点に対する改善意識が育つことをめざします。自分たちで変える必要があると気づくことは、職員一人ひとりの成長の過程でもあります。管理者や生活相談員は職員がこれまで行ってきた業務を振り返り、自分自身と対峙できる場を提供し、気づきを促す役割があります。

災害時に備えた事業所の運営管理

　特養「さわやか荘」の生活相談員の吉田さんは、ニュースで報道される水害や地震被害の映像を見るたびに、他人ごとではない、この施設の対策も見直さなければならないと感じていました。しかし想定外の事態を予測し、組織体制をどのように構築したらよいのかわからず、なかなか行動に移すことができませんでした。

登場人物　　生活相談員　：近藤さん（1年目）
　　　　　　　　施設長

近藤さん　「来月、避難訓練がありますが、○○消防署に避難訓練の防災計画書を提出してから実施するという流れでよろしいでしょうか」

施設長　　「近藤さん、よろしくお願いします。わからないことがあったら、遠慮なく聞いてください。ところで、避難経路を見直す必要があると思っています。ここは地盤が弱く、○○川も近い…。一時避難場所の検討も必要です」

近藤さん　「いろいろと課題がありますね。いつ災害が起こるかわからないから、急がないと…」

（とは言え、入職して間もない近藤さんには、何をどのように進めるのか、組織をどう動かすのか、地域関係者とどう連携するのか、何からどのように進めていったらいいのか、迷ってしまいました）

　生活相談員は、事業所の「顔」であるといわれます。それは事業所運営のさまざまな局面で先頭に立ち、イニシアティブをとり、事業所の窓口として対外的な業務を担っているということで、「○○事業所＝生活相談員の○○さん」という印

象があるということではないでしょうか。逆にいうと事業所の「顔」になれるように生活相談員の役割をしっかりと果たし、印象づけることも大切です。

　事業所の運営管理とは、事例に取り上げた防災・災害対策だけではなく、生活相談員として行うべきことは多数あります。ただ災害による被害が急増している今、このテーマの重要性を認識し、改めて確認しておく必要があると思います。生活相談員は事業所全体を取りまとめる運営管理機能を担っているミドルマネジャーとしての役割があります。災害対策においては、施設長などの指示を仰ぎ、協力して現場を取りまとめ、また地域関係者とのネットワークを構築していくというソーシャルワーク機能が期待されています。

① 防災・災害対策として検討すべき事項

　防災・災害対策は、地域、事業所の種別、規模等を問わず、検討すべき事項です。災害には主に人災と天災があります。人災については、職員の防災意識を高め、注意喚起することが大切です。また天災については、いつ起こるかわからないため、利用者の命を預かっている以上、できる限り安全に避難する方法を検討する必要があります。

　また、特養やデイサービスは、災害発生時の福祉避難所に指定されています。

　宮城県保健福祉部長寿社会政策課が作成している「介護保険サービス事業所における非常災害対策マニュアル作成のポイント」によると、介護事業所においては、最低限、表2-7の六つの項目について検討し、非常災害に備える必要があるとしています。

表2-7 ● 介護保険サービス事業所における非常災害対策マニュアル作成のポイント

① 立地条件の確認・リスクの把握を行う

② 職員の災害対応体制を整える

③ 災害発生時の対応を検討する

④ 平常時の事業所の防災対策を行う

⑤ ライフライン断絶への対応・備蓄品等を検討する

⑥ 避難訓練等を通じたマニュアルの見直しを行う

出典：宮城県保健福祉部長寿社会政策課介護保険指導班「介護保険サービス事業所における非常災害対策マニュアル作成のポイント」2014

「①立地条件の確認・リスクの把握を行う」では、事業所のある場所の立地条件やリスクの確認を行うことが重要とされています。地震による建物の損壊や津波・洪水による浸水、さらに土砂崩れ、火山の噴火、大雪による事業所の孤立など、立地条件によってリスクが異なります。

　「②職員の災害対応体制を整える」では、災害発生時に速やかに安否確認ができるよう緊急連絡網の整備・点検を行うこととされています。介護事業所ではパート職員なども多く、周期的に職員体制が変わることもあるため、定期的に緊急連絡網の点検を行います。また参集基準の整備も大切です。非常時には人手が必要となるため、どのような状況の時に勤務先に参集すべきか、具体的に行動できる基準を整備します。また災害時の役割分担を明確にして、日頃からシミュレーションを行うことが大切です。

　「③災害発生時の対応を検討する」では、利用者の状態像や立地などを考慮した避難計画を立てることとされています。具体的には、「避難場所」「避難経路」「避難手段」を検討します。利用者情報や事業所の貴重品、重要書類など、保管すべき備品についてはリスト化し、保管方法の検討を行います。

　「④平常時の事業所の防災対策を行う」では、普段から事業所内外の設備について点検し、危険な所や避難の妨げになる点がないか確認・整備を行うこととされています。最近では自家発電装置を新たに備えた事業所もありますが、肝心な時に自家発電が作動しなかったなどの話も聞きます。

　「⑤ライフライン断絶への対応・備蓄品等を検討する」では、電力やガス、水道などが使用できなくなったり、道路の損壊やがけ崩れなどで事業所が孤立したりする状況を想定し、備蓄品の検討を行うことが大切であるとされています。備蓄品の検討に当たっては、各事業所で検討するだけではなく、今後は、周辺の福祉施設間での連携体制を構築することも課題となります。

　「⑥避難訓練等を通じたマニュアルの見直しを行う」では、災害時を想定した具体的なマニュアルづくりを行い、期日を決めて見直しを行うことが重要であるとされています。どんなに立派なマニュアルも、「絵に描いた餅」では役に立ちません。

② 生活相談員の役割

　事業所の防災・災害対策は、重要な運営管理機能の一つです。生活相談員には、管理者の指揮の元で、現場職員を取りまとめ組織体制づくりを進めていく役割があります。それは「ソーシャルアドミニストレーション」ともいわれ、社会福祉援助技術の一つでもあります。事業所の種別や法人の組織体制などによりますが、特養やデイサービスにおいて、生活相談員は「施設長代行」の職務を担うことになります。つまり、生活相談員には、事業所全体を把握し、運営に関する総合的なマネジメント機能が期待されています。

　生活相談員が組織を牽引し、リーダーシップをとるためには、まず各部署の組織体制を強化する必要があります。看護職・介護職などの部署長・リーダー職と密接な情報共有を図り、決めるべき事項の検討を徹底的に行いましょう。経営側と現場との間に乖離がある場合は、間に入り、そのパイプ役になることも重要です。具体的には、経営側の意思を現場に伝達し、また現場の意向を経営側に伝え、理解を求める役割があります。

生活相談員の基礎知識⑭－ソーシャルアドミニストレーション

　ソーシャルアドミニストレーションとは、「社会福祉運営管理」ともいい、社会福祉機関・施設がサービスの質の向上を図り、組織の目的を果たすための間接援助技術の一つです。「施設などの社会化、個性化、先駆性、高品質化と効率化、マンパワーの確保、財源の確保、外部組織との効果的な連携」[6] などの機能が挙げられます。

　ソーシャルアドミニストレーションの役割を効果的に発揮するためには、ソーシャルワークの専門領域の知識だけではなく、法人経営、事業所運営など、いわゆる経営学的な専門領域の知識を求められることもあります。ただし、生活相談員は経営者ではありませんので、経営学的な視座ではなく、あくまでも社会福祉という視点から、社会福祉運営管理についてどのような機能を発揮するべきか検討します。

※6　成清美治ら「現代社会福祉用語の基礎知識 第12版」p244-245、学文社、2015

職員に防災・災害対策の必要性を説明し、具体的な行動を確認する

　介護事業所の防災・災害対策は、職員一人ひとりの防災意識が重要です。いつ発生するかわからない災害に備え、各自がどのような行動をとるか、具体的に決めておきます。生活相談員の近藤さんは、地域ケア会議への出席を通して、この地域の関係者との関係を築き、互いの事業所での防災対策の取り組み状況を確認し合うことで、自分の事業所に足りない点、今後、検討が必要な点など認識を新たにしていきました。

　同じエリアで運営する福祉事業所は、児童・障害者・高齢者など種別を問わず、ネットワークを結び、協力し合えるような協定を結んでおきます。例えば、事業所の介護リーダーに集まってもらい、または全体会議の場で職員へ、利用者の障害に応じた対応方法や避難経路・避難場所等の確認を行うことを検討します。また地域ケア会議とは別に、自治会や婦人会、子ども会、PTA組織、民生委員などの代表者とつながり、災害時に備えた事業所の指針などを伝えます。

近藤さん	「いろいろと課題がたくさんありますね。いつ災害が起こるかわからないですから、急がないと…。私は、この業務については、はじめて取り組むので、ご指導をよろしくお願いします」
施設長	「災害対策については、法人としても、入所されている利用者の命を守る使命があるから、とても重要な業務と考えています」
近藤さん	「先日の地域ケア会議で、この地域のハザードマップの作成について、包括の担当者から提案があって、関係者間で『急いで検討しよう』という結論に至りました。私たちの施設でも独自にハザードマップの作成や災害時対応の組織体制の見直し、連絡網の試行など、具体的に取り組んだほうがいいと思います」
施設長	「そうですね。ちょうどそれを相談しようと思っていたところです」
近藤さん	「わかりました。計画的に進めていきたいと思います。ユニットリーダーにも入ってもらって、早出・日勤・夜勤の体制でどう利用者対応を行うか、検討してみます。全職員が危機意識をもって利用者対応を行ってもらえるように、ていねいに説明しながら進めていきます」

福祉の評価機関を活用し、施設運営の標準化をめざす

　防災・災害対策のみならず、さまざまな施設運営管理に関する事項について、標準的なレベルを満たしているのかどうかを知るには、「福祉サービス第三者評価」（全国社会福祉協議会）を活用することができます。第三者評価とは、「質の高い福祉サービスを事業者が提供するために、保育所、指定介護老人福祉施設（特別養護老人ホーム）、障害者支援施設、社会的養護施設などにおいて実施される事業について、公正・中立な第三者機関が専門的・客観的な立場から評価を行う仕組み」[7]です。

　評価項目は、「共通評価」と「内容評価」に分かれており、はじめに職員がガイドラインに沿って事業所の自己評価を実施し、その後、第三者評価調査者が訪問し、同様のガイドラインに沿って評価を行うという仕組みです。行政の指導監査とは異なり、あくまでも事業所の改善のために活用する評価事業です。この第三者評価を受けると、職員の意識の向上も期待できます。事業所全体のモチベーションアップにつながるきっかけになるので、生活相談員が率先して取り組んでいくとよいでしょう。事業所の外（メゾ・マクロ視点）に意識を向け、地域の業界団体・近隣施設との情報交換などからこのような事業・制度の活用の情報をつかむことも必要です。

＊7　全国社会福祉協議会「福祉の評価」ホームページ

第2章　事例で読む　生活相談員の役割・機能

事例 **9**

認知症の利用者の転倒事故をめぐる リスクマネジメント（危機管理）

　利用者のマツノさんは、軽度のアルツハイマー型認知症です。簡単な会話や両手引きによる歩行が可能です。マツノさんは、結婚後、夫と二人で八百屋を営んでいましたが、夫が脳梗塞で倒れ、介護が必要となったため閉店し、娘夫婦と同居を始めました。68歳の時に夫が他界すると、急に生活意欲が低下し、引きこもりがちとなりました。デイサービスやショートステイを利用しながら、在宅生活を続けていましたが、徐々にADLが低下し、認知症の症状もみられるようになり、娘も腰痛やストレスに悩まされるようになったため、特養「さわやか荘」に入所することになりました。

　マツノさんの娘は、「自分のわがままで母を施設に入所させてしまった、本来なら自分が面倒をみるべきだったのに…」と負い目を感じており、面会時にはいつも生活相談員の吉田さんにそのことを吐露していました。マツノさんの娘はとてもデリケートな性格で、いろいろと配慮が必要な面があります。「今日は、マツノさんの娘さんが面会に来られる日だ…」と、吉田さんは、スケジュールの確認をしながら考えていました。

登場人物

利用者　　　：マツノさん（80歳、女性、要介護3）
家族　　　　：娘
生活相談員　：吉田さん（2年目）
介護職員　　：山田さん（パート勤務10年目）

娘　　　　「あら、お母さん、なんで車いすなの？　どうしたの？　これってどういうことですか。母はまだ支えてもらえればしっかり歩けるはずなのに。具合でも悪んですか。それともけがですか」

山田さん　「こんにちは。実は、マツノさんトイレで尻もちをついてしまって…。驚いて血圧が上がってしまったようで、めまいがあり、様子を見ているところです。幸いけがは大したことなくて、よかったです」

娘　　　　「私は、そんな話、まったく聞いていないです！」

山田さん　「そうでしたか。生活相談員の吉田から、連絡がありませんでしたか」

娘　　　　「吉田さんはどこですか。お話がしたいんですが」

100

（山田さんは困惑し、近くにいた別の職員に、吉田さんを呼びに行ってもらいました。吉田さんは、慌てて走ってきました）

吉田さん　「すみません、お待たせしました。びっくりされたでしょう。いつも介護職員が介助しているのですが、少し目を離した際に、マツノさん、お一人で立ち上がろうとしてバランスを崩してしまったようなんです。看護師に診てもらいましたが、臀部の打撲痕と手の甲に擦り傷が少しある程度です。大けがにならなくてよかったです」

娘　　　　「よかったとは、どういうことですか。納得できません。転倒させたってことでしょう。しかも今日ここに来るまで、何も聞いていなくて…。どうして転倒したのか、どのようなけがなのか、もう少し注意して、転倒を防げなかったのか、説明してください。転倒したときは、真っ先に家族に連絡するべきじゃないんですか」

吉田さん　「そうですね。申し訳ありませんでした。けがの状況も考えて、ご連絡すべきかどうか迷いました。連絡するとかえってご心配をおかけするのではないかと…」

娘　　　　「その判断は、おかしいと思います！」

（吉田さんは、事故の経緯を改めて確認し、マツノさんは足元が不安定な状態でも自分で動くことが多く、転倒を完全に防ぐことは難しい状況であったことを説明しました。吉田さんからの報告を受けた施設長は、マツノさんと娘さんに謝罪し、今後、事故発生時は速やかに連絡するとともに、事故防止についての検討を行うことを約束しました）

　特養やデイサービスを利用している人の多くは、心身に障害があったり、疾病が重複していたりします。介護を必要とするということは、生活の一部を職員の支援に委ねなければならないということになります。

　一方、利用者と交わした契約書には、介護を必要とする利用者に対して、安全で

安心で、適切なサービスを提供することが明記されています。つまり、介護事業所と利用者との対等な契約関係のなかで、事業所側には一定の管理責任が生じることになります。介護事業所は安全で安心できる生活を実現するために、さまざまなリスクを想定し、それを防ぐための対応に取り組む必要性があり、生活相談員には、そのイニシアティブをとる役割があります。つまり、事業所全体の動きを把握し、危機管理機能を発揮することが期待されています。

① 介護事業所におけるリスクマネジメントの基本的な考え方

「リスクマネジメント」は、介護に関するさまざまな研修で頻繁に取り上げられる重要なテーマです。「リスク」とは、要介護状態にある利用者が生活する介護事業所においては、「利用者にとっての危険の生じる可能性」を意味します。

「リスク」を事業所にとってのリスクと解釈している人もいますが、そのような解釈では、「事なかれ主義」がまかり通ってしまうことになります。事業所にとっての危機の回避、つまり事業者本位で都合よくサービス提供を行う体制では、「歩かせない」「起こさない」「外出させない」などの状況が起こり得るのです。

少し古いですが、「『福祉サービスにおける危機管理（リスクマネジメント）に関する取り組み指針 ～利用者の笑顔と満足を求めて～』について」（厚生労働省、2002年）には、リスクマネジメントの基本姿勢について表2-8のように示されています。

リスクマネジメントは、質の高いサービスを提供するという積極的思考で取り組む姿勢が基本であり、そのためにも管理者はじめ生活相談員、現場職員など、組織全体で取り組むことが重要です。

表2-8 ● 福祉サービスにおける危機管理（リスクマネジメント）の基本的な視点

● 「より質の高いサービスを提供することによって多くの事故が未然に回避できる」という考え方（クオリティーインプルーブメント）で取り組むべき
● 個別性が高いため、それぞれの施設において十分な検討と創意工夫が必要

出典　厚生労働省資料

② 利用者・家族にとっての安全・安心とは

リスクマネジメントの目的は、次の通りです。

① 確認ミスによる人為的な介護事故や利用者・家族とのトラブルを未然に防ぐ

② もし事故やトラブルが発生してしまった場合に、その被害を最小限にする

介護業務には、さまざまなリスクが潜在しており、何らかのきっかけでそれらが表面化し、事故（危機的状況）になります。さらに発生した事故に適切に対応しない場合は、二次的な事故も誘発する可能性があります。

図2-7 ● リスクマネジメントのフロー

出典：山本雅司・石尾肇「医療・介護施設のためのリスクマネジメント入門」p4、じほう、2004に一部加筆

リスクマネジメントの手法は、事前対策（予防的視点）、事故対応（臨機応変な対応による事故の最小化）、事後対応（利用者へのアカウンタビリティ・再発防止）というプロセスで展開されます。事故が発生してしまった場合、適切な対応がとれることが、その後の信用回復のカギを握っているといえます。

利用者や家族にとっての安全・安心な状態は、次のように考えることができます。

表2-9 ● 利用者・家族にとって安全・安心な状態

① 介護事業所として明確な運営指針（ビジョン）に沿って運営されている

② 利用者が主体者であるという介護方針に沿ってサービスが提供されている

③ 運営内容が可視化され、情報が利用者・家族に提供されている

④ 苦情や意見の窓口が一元化され、担当者（苦情受付担当者）が明確である

⑤ 常に苦情受付担当者と連絡が取れる状況にある

⑥ 危機管理のマニュアルがあり、介護事業所と利害関係にはない第三者を通じて、意見を伝えることも選択できる

　介護事業所（事業者）と利用者・家族（当事者）との間には介護者と被介護者、つまりサービスを提供する側とサービスを受ける（利用する）側という関係性があります。利用者には「安全・安心して自分の望む介護を受けたい」という希望があり、事業者には「利用者に効果的かつ効率的にサービスを提供したい」という事業方針があるでしょう。

　そこで生活相談員は、利用者・家族がどのような感情を抱いているのか、当事者の立場に立ち、相談援助を行うことが大切です。

　利用者・家族には、事故などの予防対策として、緊急時の対応方針を説明し、緊急連絡先の確認をします。また家族からは利用者の生活状況などをアセスメントし、現場の意見もふまえ、対応策を検討します。万が一事故が発生した場合は、利用者の対応を優先します。現場職員が利用者に対応している場合は、生活相談員は家族に連絡します。

　先の「『福祉サービスにおける危機管理（リスクマネジメント）に関する取り組み指針 ～利用者の笑顔と満足を求めて～』について」によると、事故が発生してしまった場合の対応指針は表2-10のように示されています。

表2-10 ● 事故が起こってしまったときの対応指針

【利用者本人やご家族の気持ちを考え、相手の立場に立った発想が基本】
● サービスの質の向上を基本的な視点とした日頃からの取り組みの重要性
● 組織としての対応、事実をふまえた対応、窓口を一本化した対応が原則
● 事実の把握と家族等への十分な説明、改善策の検討と実践、誠意ある対応
● 事故発生直後の迅速な対応に向けた備えと周知徹底の必要性

出典　厚生労働省資料

　生活相談員は、事業所の窓口として、利用者の家族に適切な情報を伝えるとともに、事故発生時には、事故対応のマニュアルに沿った対応を基本としつつ、家族の立場に立って安否やけがの状況など必要な説明や情報提供を速やかに行う必要があります。事例の吉田さんのように、迷いが生じるような状況であれば、家族へも連絡をとり、ありのままの状況を伝えることが、事業者として信用を得るための条件です。生活相談員には、常に利用者の擁護者としての姿勢が問われます。

生活相談員の基礎知識⑮ーハインリッヒの法則

　介護現場におけるリスクマネジメントについて取り組む場合、「ハインリッヒの法則」が参考になります。「ハインリッヒの法則」とは、アメリカの損害保険会社に勤務していたハーバード・ウィリアム・ハインリッヒ氏が提唱した労働災害の経験則の一つで、「1件の重大な事故が起こる背景には、29件の軽微な事故があり、29件の軽微な事故が起こる背景には、300件のヒヤリ・ハットが存在する」とするものです。つまり、見逃してしまいそうなヒヤリ・ハットについて、しっかりとした対策を立て、職員への意識づけを行うことこそが、重大な介護事故を防止する近道であるということです。

図2-8 ● ハインリッヒの法則

1件　重大な事故
29件　軽微な事故
300件
ヒヤリ・ハット

生活相談員の基礎知識⑯ー報告・連絡・相談

　「報告・連絡・相談」（ホウ・レン・ソウ）の目的は、ケアチームの意思疎通を図り、情報共有を促進するとともに、チームメンバー間の連携を強めることです。介護職員が利用者に介助を行う際は、1対1で利用者と向き合って業務を行います。したがって、介護職同士で、互いの業務を逐一確認することは困難です。つまり、職員間で情報共有を図っておかなければ、毎回とまどったり、介護方針に沿わないケアを行ってしまったりする可能性が出てきます。

　「報告」とは、上司からの指示や命令について、部下が実施経過やその結果を適宜、即時的に、かつ正確に伝えることを意味します。例えば、上司からの記録物の入力の依頼について、進捗を報告するような場面が考えられます。

　「連絡」とは、利用者の情報や実施した業務内容などをチームメンバーや関係者に申し送ることです。申し送りでは、私情や所感、憶測などは交えずに、できるだけ事実を伝えることが大切です。上司から部下へまた部下から上司へ、関係者同士な

ど双方向に相手とやり取りします。例えば、利用者のケアカンファレンスの時間と場所を連絡するような場面が考えられます。

「相談」とは、判断に迷う場面や業務中の"気づき"など自分の考えを伝え、相手から助言を得たい時に行います。例えば、家族懇談会の準備が思うように進んでいないので、どうしたらいいかを介護部長に相談するような場面が考えられます。

「報告・連絡・相談」は、適切なタイミングに行うからこそ活かされるものです。タイミングを誤ると、大きなミスやトラブルにつながる可能性もあるので十分に注意しましょう。

「報告・連絡・相談」は、「時」「場所」「目的」などに応じて、伝える相手が異なることもあります。また、全職員が徹底できるように、繰り返し理解を求めることも大切です。

表2-11 ● 報告・連絡・相談（ホウ・レン・ソウ）が必要な場面

① 上司から指示・命令を受けた業務の進捗状況を伝える時（報告・連絡）
② 上司から指示・命令を受けた業務を終了した時（報告）
③ 介護方針や方法等に変更や改善が必要ではないかと思った時（相談）
④ 業務中に何か新しい動きや情報が得られた時（報告・連絡）
⑤ 業務中に何かミスをした時、ミスに気づいた時（報告）
⑥ 利用者に介護事故やヒヤリ・ハットが発生した時（報告）

図2-9 ● 事故発生時の「報告・連絡・相談」の流れ

事故発生

瞬時の状況観察
①観察ポイントの明確化
②観察結果による次の行動の選択

行動の優先順位の明確化

現場に複数の職員がいる場合	現場に職員が1名のみの場合
その場の対処の優先順位と役割分担	その場の対処の優先順位を決める

応急処置　　　家族への連絡　　　救急車の手配

④ 事例の振り返り

生活相談員の立場から気づいたことを伝える

　生活相談員には、他職種も巻き込んでチーム一丸となってスキル向上に向けた研修の機会を設ける役割もあります。生活相談員は、相談業務を行う部署に所属していますが、ソーシャルワーク専門職として、看護師や介護職員と横断的にかかわります。専門職の枠を超えた事業所の職員としての一体感を保つための方策を打つことができるのも事業所全体の統括的な立場にある生活相談員ならではの役割です。したがって、その時々で、チームにとって最も必要なテーマの研修を企画する視点も大切です。

　事例の山田さんの対応について、生活相談員として助言できることはないでしょうか。また、生活相談員として反省すべき点はどこでしょうか。

　まず、マツノさんの娘が面会に来た際に、娘が驚いているにもかかわらず、山田さんはその気持ちを受け止めることなく「けがは大したことがなくてよかった」と伝えています。娘の立場に立ってみると、誠意がある対応とはとても思えないはずです。このような状況では、最初にどのように対応するかによって、事業所に対する信頼感が大きく変わります。生活相談員の吉田さんは、介護職員の山田さんや他の職員にもそのことをしっかりと伝える必要があります。

利用者・家族の立場に立って考える

　この事例で、娘からの苦情につながってしまった原因の一つは、吉田さんが、家族に連絡をしなかった（連絡しないと判断した）ことではないでしょうか。現にマツノさんは、臀部に打撲痕があり、手に擦り傷ができてしまいました。「少々の傷」に思われても、看護師に診てもらったり、念のため医療機関を受診したりするなど、家族への安心を担保する対応を行う必要があります。吉田さんは、看護師から報告を受けた時点で、娘に連絡すべきでした。

　娘は、自分のせいで母親を施設に入所させてしまったと悔いているとのことでした。そのような娘の気持ちや性格を、生活相談員の吉田さんは把握していたはずです。生活相談員と家族との信頼関係によって、大事に至らずに解決できるなど、日頃の関係性によって展開が変わる可能性もあります。吉田さんは、娘の気持ちを把握できていたはずなので、母親の転倒の事実を知った娘が動揺することも想像できたのではないでしょうか。

山田さん	「吉田さん、マツノさんがトイレで尻もちをついて転倒していたようです！」
吉田さん	「マツノさんの様子は、どうですか」
山田さん	「いま看護師に診てもらっています。臀部に打撲痕と手の甲に擦り傷があるそうです。意識は正常ですが、少し血圧が高くて興奮状態とのことです」
吉田さん	「わかりました。看護師に受診の必要性があるかどうか確認してみます。娘さんにも念のため、すぐに連絡しておいたほうがいいですよね」

（吉田さんは、状況を確認したのちに娘に連絡し、説明と謝罪をしました）

娘	「母が転倒したんですか！　本当にけがは大丈夫なんですね！　すぐに伺います」

（来訪した娘に対して、吉田さんは事実確認を行った結果を説明し、改めて謝罪しました。そして、今後同様の事故が発生しないように危機管理を徹底するということで娘の了解を得ることができました）

現場の介護職員の理解と協力を得る

　事例では、今後、事故が発生した場合は、速やかに連絡するとともに、危機管理を徹底する約束をしています。それを現場で確実に実践するには、現場の介護職員の理解と協力が必要です。また、事故発生直後は、誰もが気をつけますが、時間の経過とともに意識は薄れていってしまうものです。

　生活相談員は、事故報告（アクシデントレポート）やヒヤリ・ハット報告（インシデントレポート）を活かして、啓発活動を定期的・継続的に行う役割があります。事故発生の防止策が確認できたら、改めてマツノさんの娘に連絡し、今後の取り組み内容を伝えることも大切です。

3　地域との連携・調整

　特養やデイサービスなどの介護事業所は、地域と密接にかかわりながら運営しています。地域の協力なしに、介護事業所を運営することはできません。地域から信頼を得るためには、運営の可視化を図るとともに、地域関係者や住民が気兼ねなく出入りできる機会を設けるなど、有機的な相互関係を築いていく必要があります。

　近年では、社会福祉法人を中心に社会貢献事業の要請が高まり、民間企業にも波及しています。地域包括ケアが進められるなか、運営主体である法人が、いかに地域ニーズを取り込んだ接点づくりをするかが、地域との密接な連携のカギとなっています。この取り組みにおける生活相談員の役割は極めて重要です。

事例 10　ひとり暮らしの高齢者の支援をめぐる地域連携・調達

　ある日、デイサービス「えがお」に居宅介護支援事業所のケアマネジャーから電話が入りました。生活相談員の坂本さんが電話に出ると、ひとり暮らしの認知症の女性について、デイサービスの利用の相談をしたいとのことでした。

　その女性、ミソノさんは、生活保護を受給して暮らしています。遠方に住む息子とは連絡がとれません。地域住民によると、ゴミを玄関や窓から外に捨てるので悪臭がひどく、注意しても聞かないそうです。地域住民から「最近、姿を見ない」との連絡を受けた地域包括支援センターの保健師と社会福祉士が訪問すると、カップ麺の食べ残しが転がっていたり、廊下に便が付着したりして、異臭がしました。本人は、意識がもうろうとしており、救急搬送となりました。熱中症との診断で数日間入院しました。退院後、「要介護2」の判定を受け、居宅介護支援事業所を紹介されました。

登場人物

利用者　　　　　　　　　：ミソノさん（82歳、女性、要介護2）
　　　　　　　　　　　　　アルツハイマー型認知症　夫は他界
デイサービス生活相談員：坂本さん（介護職2年、生活相談員1年目）
介護リーダー
居宅ケアマネジャー　　：工藤さん（8年目）
民生委員

（坂本さんは、新規利用者のミソノさんのサービス担当者会議に出席した後に、デイサービスの他の職員を交え、ケアカンファレンスを行いました）

坂本さん　「ミソノさんは、82歳の女性です。地域包括支援センターの調整により、日常生活自立支援事業での代理手続きを経て、新規でのご利用になります。要介護認定のためB医院を受診し、アルツハイマー型認知症の診断がでています」

（デイサービスに来たミソノさんは、レクリエーション（体操のプログラム）には参加したくないとのことでした。また入浴についても「毎晩、自宅で入っている」と言って入ろうとせず、介護職は困ってしまいました）

介護リーダー　「坂本さん、ミソノさんですが、玄関かから一人で出ていこうとするんです。自宅ではどうしているのかしら。ひとり暮らしなんですよね。本当に一人で大丈夫なんでしょうか」

坂本さん　「そうなんですか。何とかここに居てもらえるように対応できませんか。自宅での様子は今度、ケアマネジャーの工藤さんに聞いてみます」

介護リーダー　「何も聞いていないんですか。こんなに症状がいろいろ出ているのに？」

坂本さん　「すみません。急いで連絡してみます」

（坂本さんは、デイサービスの生活相談員として、地域から何を求められているのか、自分には何ができるのか、考えをめぐらせていました）

　介護保険制度が導入されて20年が経過し、利用者のライフスタイルや志向にも少しずつ変化がみられています。そのため、介護事業所に求められるニーズも多様化し、「個」の価値観を尊重した生活の実現に向け、ますます専門性が求められています。この事例では、そのようななかで生きづらさや生活しづらさを感じている利用者に対して、地域包括支援センターや市町村社会福祉協議会などのコミュニティ・ソーシャルワーカーと連携を図りながら支援を展開するデイサービスの生活相談員の役割を浮き彫りにしていきます。

デイサービスもまた、地域包括ケアシステムにおいて、地域連携の拠点としての役目を担う必要があります。その「顔」ともいえる生活相談員の役割について考えます。

① コミュニティ・ソーシャルワーカーとしての役割

デイサービスは、居宅サービスの一つです。居宅介護支援事業所のケアマネジャー（居宅ケアマネジャー）が作成した居宅サービス計画書（ケアプラン）に沿って作成された通所介護計画書に基づき、サービスを提供します。つまりデイサービスは居宅ケアマネジャーと密接に連携を図りながら、利用者への支援を行う必要があります。利用者の生活ニーズは多様性があり、そのすべてにデイサービスの職員が対応するのは困難です。

また地域支援においては、介護保険制度が導入さて間もない頃の公助、共助が中心とされた支援の在り方から、「自助・互助・共助・公助」を適切に組み合わせる支援体制を作り出すという考え方に変化し始めています。互助とは、地域の特性を反映した独自の人間関係や地域性が基盤となって活性化した個人や団体の取り組みであり、いわゆる当事者同士の集まりやボランティア団体などがこれに当たります。「自助・互助・共助・公助」という体制を活かした地域支援は、地域包括ケアシステムのめざす地域支援の在り方にも通じています。

図2-10 ● 自助・互助・共助・公助

自助
セルフケアや介護予防、
自発的な意欲など

互助
制度に頼らない地域での助け合い、
ボランティアの支え合いなど

共助
社会保険による支え合い、
医療保険や介護保険など

公助
自治体が提供する法的支援、
生活保護制度や高齢者虐待防止制度など

専門職が活用する社会資源は、フォーマルサポートのみならず、インフォーマルサポートをいかに掘り起こすかが課題となります。デイサービスには、看護師や介護福祉士、理学療法士や作業療法士などの専門職が配置されていますが、利用者のニーズに適した社会資源を活用したり、地域アセスメントによって新しい社会資源を掘り起こしたりすることも必要になります。これを「ソーシャル・サポート・ネッ

トワーク」といい、地域包括支援センターや市町村社会福祉協議会がその役割を担っています。

　デイサービスにおいても地域連携の拠点として地域の互助・共助のネットワーク化を推し進めることが期待されています。デイサービスの生活相談員には、「ソーシャル・サポート・ネットワーク」の要となるコミュニティ・ソーシャルワーカーとしての役割もあります。

② 生活相談員の専従要件の一部緩和

　デイサービスには、専門職が適切に配置されるよう、人員配置基準が設けられています。生活相談員については、専従要件がありますが、2015（平成27）年に、従来の専従要件の一部を緩和する旨の変更がありました。

> 「…指定通所介護事業所が、利用者の地域での暮らしを支えるため、医療機関、他の居宅サービス事業者、地域の住民活動等と連携し、指定通所介護事業所を利用しない日でも利用者の地域生活を支える地域連携の拠点としての機能を展開できるように、生活相談員の確保すべき勤務時間数には、「サービス担当者会議や地域ケア会議に出席するための時間」、「利用者宅を訪問し、在宅生活の状況を確認した上で、利用者の家族も含めた相談・援助のための時間」、「地域の町内会、自治会、ボランティア団体等と連携し、利用者に必要な生活支援を担ってもらうなどの社会資源の発掘・活用のための時間」など、利用者の地域生活を支える取組のために必要な時間も含めることができる。ただし、生活相談員は、利用者の生活の向上を図るため適切な相談・援助等を行う必要があり、これらに支障がない範囲で認められるものである」
>
> 出典：厚生労働省「指定居宅サービス等及び指定介護予防サービス等に関する基準について」平成27年度介護報酬改定について

　この通知では、生活相談員が地域を基盤として生活する利用者の自宅を訪問し、家族も含めたアセスメントやモニタリングを行う必要性、また地域のインフォーマルサポートを開拓し活用する必要性についても言及しています。この改正はソーシャルワーク専門職である生活相談員についての役割を明文化した、これまでにない歴史的なものといえます。

　実際には、外に出向く機会を確保するのは大変だとは思いますが、生活相談員がジェネラリストという立ち位置の専門性を有していることも改めて明確化されました。この点はしっかりと意識しておきましょう。

生活相談員の基礎知識⑰ーソーシャル・サポート・ネットワーク

ソーシャル・サポート・ネットワークとは、利用者が地域で生活するうえで遭遇する諸問題に対して、同じ地域に点在する身近な社会資源が連携して支援する体制のことです。ここでいう社会資源とは、家族、親族、友人のほか、地域に暮らす近隣住民の個人や組織、さらに福祉関連機関、医療・保健・福祉の専門職、ボランティアなどさまざまな関係者を含み、利用者の性格や障害などの特性や生活状況、緊急性のある状況にも即時に対応した個別のネットワークの形成が重要とされます。

日本では介護保険制度の導入に伴い、ケアマネジメントが展開されてきましたが、実際には、通所介護や訪問介護などフォーマルな居宅サービスを中心としたケアプランが目立ち、いわゆる「サービスマネジメント」のようなネットワーク化が問題となりました。そこで利用者の多様な生活ニーズを真に支えられる支援の在り方として、インフォーマルな資源を最大限に活かしたケアプランの作成、つまり「ソーシャル・サポート・ネットワーク」を利用者ごとに構築していくことの重要性が示されてきました。デイサービスにおいても例外ではなく、地域連携の拠点として、地域のインフォーマルな資源の発掘・活用が期待されています。

③ 事例の振り返り

地域アセスメントに取り組む

生活相談員は、日頃から地域の特性を理解しておくことが必要です。例えば、新規利用者の調整を進める際などに、必要とされる社会資源について検討するなかで、利用者のニーズに沿った社会資源のアセスメントを行います。ミソノさんはもともと地域活動にも積極的に参加しており、地域住民との面識がありました。その点では、高齢になり一度、地域との関係性が途切れた部分について、民生委員や自治会関係者などと改めて連携を図り直し、ミソノさんを地域で見守る体制について意識づけることも重要です。デイサービスの相談員も地域のコミュニティ・ソーシャルワーカーの一人として、ケアマネジャーと連携しながら協働的意識で共に取り組みます。

第2章 事例で読む 生活相談員の役割・機能

介護リーダー　「坂本さん、ミソノさん、玄関かから一人で出ていこうとするんです。自宅ではどうされているのかしら」

（坂本さんは、ケアマネジャーから「徘徊」があることを聞いていました。また、近隣住民から「以前は、いつも大きな声で唱歌を歌っていて楽しそうだった」との情報を得ていました。そこで、音楽を取り入れた新たなレクリエーションを検討する過程で、地域で"音楽レク"を行っているボランティアに出会いました）

坂本さん　　「先日、介護リーダーには相談したのですが、ミソノさんが楽しく過ごせるように考えていたところ、ミソノさん、歌が好きだということで、"音楽レク"をしている人を県社協のボランティアセンターで紹介してもらいました」

介護リーダー　「ミソノさんは、これからも自宅でひとり暮らしを続けられるでしょうか」

坂本さん　　「これからは、ケアマネジャーの工藤さんともより緊密に連携を図っていきます。デイサービスの役割は、単に事業所にお連れして、食事や入浴介助をすることだけではないと思うんです。送迎でご自宅を訪問しますし、その時の様子をケアマネジャーさんと情報共有したり…」

（その後、坂本さんは、週3日利用しているデイサービスの生活相談員として、ミソノさんを担当する民生委員に会いに行きました）

民生委員　　「ミソノさん、以前はご夫婦で町内会にも顔を出して、気さくな方だったのよ。ご主人が亡くなられてから、様子が変わってしまって…。あちらの家の奥様ともずっと仲がよくて…。小学校の旧友とお聞きしています」

地域とのネットワーク化を進める

　ミソノさんは、地域活動への参加を通じて他者と交流を図るなど、交友関係も広く、気遣いの得意な人だったのではないかと想像できます。生活相談員は利用者のストレングス（強み）を活かし、エンパワメントにつなげます。自助力を高めると同時に、あくまでも利用者を中心としたフォーマル、インフォーマルな地域関係者とのネットワークを結び直し、多面的なサポート体制を築いていくために、まずは地域関係者と生活相談員自らの関係づくりを行い、そのうえで適切なサポート体制を組んでいくことが重要です。民生委員など、ミソノさんの身近な関係者から一人ひとり連絡し、関係づくりを始めます。

事例 11 知的障害者の「就労」に向けた地域連携・調整

　特養「あおぞら荘」の生活相談員の近藤さんは、地域の新しい社会資源の開拓のため、地域関係者にあいさつ回りをしました。改めて訪問すると、今は施設での支援に直接結び付けられなくても、今後、何かの形で連携できそうな関係機関や関係者が存在することがわかり、有意義な活動であったと気持ちを新たにしていました。

　ある障害者就労移行支援事業所を訪ねたところ、この事業所の利用者（佐藤さん）の就職先として、受け入れを検討してもらえないかと相談がありました。近藤さんは、施設長と相談・検討して後日、返事をすることにしました。

> **登場人物**
>
> ● 特養ホーム「あおぞら荘」
> 　施設長
> 　生活相談員　：近藤さん（１年目）
> 　介護リーダー
>
> ● C障害者就労移行支援事業所
> 　施設長
> 　利用者：佐藤さん（女性、22歳）

施設長	「C事業所からそんな相談があったんですね。地域共生という点からも、前向きに検討してみることにしましょう。理事長にも相談してから、C事業所の施設長にお会いして、詳しく話をお聞きしましょう」
近藤さん	「地域の方々に施設の共用スペースを開放したり、介護教室などの講習会を企画したりするというのは聞いたことがありますが、就労の場として障害者を受け入れることもできるんですか」
施設長	「もちろんです。それらを調整するのも生活相談員としての大切な役割です。この機会にしっかりと覚えてください」
近藤さん	「わかりました」

　社会福祉法人には、「社会福祉法等の一部を改正する法律」（2016（平成28）年）によって、「地域における公益的な取組」が責務として位置づけられました。社会福祉法人は、その運営の基盤である地域に対して貢献的活動を行う必要があります。特養はその建造物や資産を活かし、地域住民等の福祉の向上に資する地域貢献活動を行うことが必要になりました。特養の生活相談員は、コミュニティ・ソーシャルワーカーとしての役割を発揮し、地域住民が抱える多様なニーズを把握し、地域に求められている取り組みを展開できるよう、努めることが重要です。

① 地域における公益的な取り組みとは

　社会福祉法人が行う社会貢献活動とは、どのようなものが考えられるでしょうか。厚生労働省の通知では、次のように示されています。

「…法人の公益的性格に鑑みると、自らが行う事業の利用者（以下「利用者」という。）の福祉ニーズを的確に把握し、これに対応することのみならず、少子高齢化、人口減少社会等の社会情勢の変化を踏まえつつ、既存の社会保障制度や社会福祉制度では対応が困難な地域ニーズを積極的に把握し、地域の関係機関との連携や役割分担を図りながら、新たな地域ニーズに対して積極的に対応していくことが求められている」
「…法人に対して画一的かつ特定の取組の実施を促すものではなく、法人が、保有する資産や職員（以下「資産等」という。）の状況、地域ニーズの内容、地域における他の社会資源の有無などを踏まえつつ、その自主性、創意工夫に基づき取り組むべき…」

出典：厚生労働省「社会福祉法人による「地域における公益的な取組」の推進について」2018年

図2-11 ● 地域における公益的な取り組み

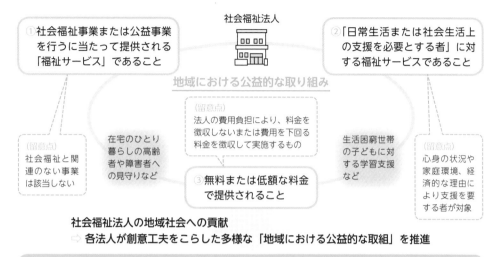

社会福祉法人

① 社会福祉事業または公益事業を行うに当たって提供される「福祉サービス」であること

② 「日常生活または社会生活上の支援を必要とする者」に対する福祉サービスであること

地域における公益的な取り組み

（留意点）
法人の費用負担により、料金を徴収しないまたは費用を下回る料金を徴収して実施するもの

（留意点）
社会福祉と関連のない事業は該当しない

在宅のひとり暮らしの高齢者や障害者への見守りなど

③ 無料または低額な料金で提供されること

生活困窮世帯の子どもに対する学習支援など

（留意点）
心身の状況や家庭環境、経済的な理由により支援を要する者が対象

社会福祉法人の地域社会への貢献
⇨ 各法人が創意工夫をこらした多様な「地域における公益的な取組」を推進

地域において、少子高齢化・人口減少などをふまえた福祉ニーズに対応するサービスが充実

出典：厚生労働省資料

② ボランティアと社会福祉法人やNPOの取り組み

特養やデイサービスなどの生活相談員は、ソーシャルワーク専門職として、事業所内の利用者（ミクロ）のみならず、地域住民（メゾ）や介護保険制度などの社会システム（マクロ）への働きかけを行うことが求められます。法人職員や地域住民の協力を得て、組織的な活動として展開し、進めていきます。

介護事業所で、日常的にかかわることの多い「ボランティア」は、さまざまな取り組みを通じて直接的、間接的に社会貢献活動を展開しています。ボランティアは、自発的・主体的に無報酬で社会活動を行う人やその活動のことです。

社会福祉法人は、「社会福祉事業・公益事業・収益事業」の三つの事業を行うことが認められています。このなかで「収益事業」とは、社会福祉事業に支障がない限り、その収益を社会福祉事業もしくは公益事業に充てることを目的とする事業です。

特定非営利活動法人（NPO）の活動目的は、「特定非営利活動促進法」（NPO法）に「…ボランティア活動をはじめとする市民が行う自由な社会貢献活動としての特定非営利活動の健全な発展を促進し、もって公益の増進に寄与することを目的とする」と規定されており、20の分野が示されています。この20の分野の活動のなかには、「保健、医療または福祉の増進を図る活動」「社会教育の推進を図る活

第2章 事例で読む 生活相談員の役割・機能

動」「環境の保全を図る活動」などが規定されています。「非営利」とは、簡単にいうと法人として利益を上げてもよいけれど、個人の私腹を肥やすための活動にしないということです。その活動はあくまで介護事業所がある地域にとっての公益性があることが条件になります。

社会貢献活動としては、例えば表2-12のような活動が行われています。

表2-12 ● 社会貢献活動の例

- 地域におけるサロン活動の支援やサロンスペースの提供
- 地域住民の災害時避難場所の提供
- 認知症について地域住民への周知活動・認知症サポーター養成研修開催
- 介護予防を中心とした運動・知識の啓発を通した健康増進
- 児童の登校時の見守りや防犯パトロールへの参加
- 地域包括支援センターを中心とし、関係機関と協働した高齢者虐待対応
- 事業所を開放した食堂や朝市の開設
- 地域の公園の定期的な清掃を通しての地域住民との交流　など

生活相談員の基礎知識⑱ー地域アセスメント

特養やデイサービスなど地域を基盤として運営をしている介護事業所は、どうしても事業所内の社会資源に頼りがちです。事業所内の社会資源とは看護師や介護職員など現場職員のマンパワーのことです。しかし、特養に入所したり、デイサービスを利用したりする利用者は、もともとはその地域で暮らす人です。地域アセスメントにより、利用者に必要な地域資源を効果的に結び付け、利用してもらうことこそが、生活相談員の役割といえるでしょう。

地域アセスメントとは、社会資源を量的（どの地域に、何か所あるか）、質的（どこにどのような支援関係者や機関があるか）に把握し、利用者への活用性（それは利用者のニーズに適しているか）を検討し、開拓の予測を立てることです。地域アセスメントは、やみくもに地域を回るのではなく、福祉行政や社会福祉協議会、また福祉団体、自治会など、情報が集約されている機関から最新の情報を入手するところから活動を広げていくとよいでしょう。また他の介護事業所からボランティア団体を紹介してもらうこともよいかもしれません。

特養・デイサービスの生活相談員が地域アセスメントを実施する場合は、まず地

域をどの圏域でとらえるかということを決定します。

> 表2-13 ● **圏域のとらえ方**
>
> 1層：ごく近所（自治会や町内会の班など）の圏域
> 2層：自治会・町内会の圏域
> 3層：学区・校区などの圏域
> 4層：市区町村の支所などの圏域
> 5層：市町村全域

　地域アセスメントは生活相談員が単独で実施するよりも、地域の他の福祉拠点（地域包括支援センターや介護事業所）のソーシャルワーカーと協力し、情報交換を行いながら実施すると効率的です。地域アセスメントの方法には、行政機関などに置いてある資料や担当職員へのヒアリング、訪問による情報収集などが考えられます。また住民座談会や夏祭りなど地域の活動への参加も有効です。地域包括ケアシステムにより、より地域関係者との共助・互助の関係性が求められるなか、地域をとらえた事業所運営につなげられるように、生活相談員が先頭に立ち、積極的に取り組んでいきましょう。

③ 事例の振り返り

職員が一丸となって取り組むことを重視する

　地域貢献活動は、これまでも社会福祉法人や民間企業などが独自に地域の求めに応じて取り組んできました。そもそも社会福祉事業そのものが大きな社会貢献となる取り組みです。そのうえで介護保険制度の枠外として、事業所の共有スペースを活用して地域住民が活動する場を提供したり、介護教室を開催して地域における介護の普及活動を行ったりしています。

　近藤さんは事例のように、障害者就労移行支援事業所の利用者を職員として受け入れることを通して、法人の地域貢献を体験的に学びました。地域貢献は、形にとらわれることなく、それぞれの法人が職員と意識を共有し、一丸となって活動するところが出発点となります。まずは、他の法人の活動事例を参考に企画し、地域を取りまとめている自治会関係者や婦人会、また地域住民との接点の多い市区町村社会福祉協議会などの「地域のキーマン」に相談してみましょう。準備は焦らずに地域関係者のコンセンサスを得ながら進めていきましょう。

近藤さん　「私たちの施設を就労場所として、訓練を兼ねて活用してもらえるということですね。地域の役に立てるということも大事ですね。何をどのように進めたらいいのか教えてください。よろしくお願いします」

（特養「あおぞら荘」では、理事長の了承を得て、C障害者就労移行支援事業所の利用者の受け入れを進めることになりました。施設長は近藤さんとともに、知的障害のある佐藤さんとの面接をC事業所の相談室で行いました。月曜日から金曜日まで週5日、10時から14時まで、まずは特養の清掃作業や物品の補充作業などをしてもらうことになりました。佐藤さんの支援担当者として、近藤さんがかかわることになりました）

近藤さん　「来週の月曜日から佐藤さんが一緒に働くことになりました。一度に複数のことを伝えると、受け止めきれず、不安になってしまうところがありますので、一つひとつていねいに教えてあげてください。また、てんかん発作もあるため、配慮をお願いします。施設としては、今後このような地域協力体制を継続していく方針なので、よろしくお願いします」

介護
リーダー　「それはよいことですね。ただ…、実際に佐藤さんにお会いしてみないと、少し不安です。てんかんの発作もあるようですし…」

近藤さん　「そうですね。佐藤さんも不安が大きいと思いますので、無理せずにお互いに慣れるまで、様子をみながら少しずつ関係を築いていきましょう」

（近藤さんは、佐藤さんが来てから支援担当となり、サポートを行いました。毎日、勤務終了後には、感想や困りごと、仕事内容が難しすぎないか、体調は悪くないかなど、細かな気配りを行いました。佐藤さんは、一度、勤務中にてんかん発作があり、数日、休みましたが、その後は近藤さんのサポートを受けながら就労を続けています）

近藤さん　「社会福祉法人は、利用者に対する支援だけではなく、地域貢献という形で、地域に還元していく活動も大切なんだな…。生活相談員として、私は他に何をすればいいのか…。他の施設の生活相談員さんとも情報交換しよう！」

既成概念にとらわれない発想を大切にする

　地域連携には、それぞれの地域ニーズと法人の資源を活かした柔軟な地域貢献活動が求められます。特養やデイサービスの生活相談員は、「今」だけを見るのではなく、「これから」を見据え、地域住民にどのような貢献ができるか、どのような接点を創出できるかを考えていきます。「井の中の蛙」にならないために、できるだけ他の施設への見学・視察などを行うことも必要です。全国には、地域に根差したさまざまな取り組みを展開している法人があります。時間をみつけて地域アセスメントを行ってみましょう。

第 **3** 章

生活相談員の
業務実施マニュアル
―業務の流れと留意点

　第3章では、生活相談員の日常の業務を大きく三つに分類し、手引きとして手順や留意点を解説します。なかには、「これも、本当に生活相談員の業務？」と疑問に感じるものもあるかもしれません。しかし、大切なのは、そこに「生活相談員としての役割・機能を発揮する余地があるかどうか」です。今、気になっている業務、迷いや困りごとのある業務、苦手意識のある業務を選んで読んでみてください。第3章の扉を開けてみましょう！

1 利用者・家族に対する 生活相談

　特養やデイサービスでは、入所または通所する利用者ごとに、ケアマネジメントに基づく適切なサービスを提供しています。サービスを提供する際には、必ず利用者や家族に説明し、同意を得る必要があります。サービスの内容を利用者が十分に理解できるように説明するというのは、意外と難しいことかもしれません。専門職は業務上さまざまな情報を得ていますが、それに対して利用者は、専門知識があるわけではないからです。

　利用者や家族は、生きづらさや生活のしづらさを感じながら日々を過ごしています。そのなかで生活相談員とかかわり、相談支援を受けることで、専門的な知識がなくとも自分がどのようなニーズを抱え、解決に向けて取り組んでいくのかを理解することができます。生活相談員の業務は多岐にわたりますが、利用者・家族に対する生活相談は、対人援助の基本であり、重要な役割が期待されています。

1 利用者との面接・相談 [特養]

(1) 入所の問い合わせ

　入所に関する相談とは、特養への入所を希望する人からの問合せのほか、在宅での生活や介護に行きづまり、今後の生活に不安を抱えた本人や家族などからの問い合わせもあります。いずれにしても、特養のサービス提供は、この入所に関する相談から始まるため、相談者がどのような情報を求めているのか、言葉で表す内容だけでなく、相手の心情などもできる限りとらえながら、必要な情報を適切に判断し、提供することが大切です。

【2】施設見学

　入所希望者に対しては、希望に応じて施設を見学してもらいます。見学者への対応も生活相談員の重要な業務の一つです。施設の沿革・理念・経営方針などを明記したパンフレットの提示、設備、職員体制、サービス内容、利用料等について実際の施設の雰囲気にふれてもらいながら説明します。入所希望者がイメージしていた施設と実際の印象のギャップから、さまざまな感情表出があることも想定できますので、相手の心理面にも気を配りながら対応します。見学に合わせて面談も行い、入所希望者の状態像の把握やキーパーソン、主介護者、生活背景等の把握に努めます。

　常時の人工透析が必要な人など、医療ニーズが高く、病院や介護老人保健施設など他の社会資源の調整が必要であったり、常に職員の付き添いが求められる場合などには、十分に説明を行い、理解を求めたうえで、他機関を紹介することも考えられます。

【3】受付簿・待機者名簿の管理

　電話や訪問によって生活相談員が入所に関する相談に応じた時は、受付簿にその内容を記載しておきます。相談者のなかには、入所に対する躊躇や葛藤があり、すぐに入所希望の意思表示をしない人もいます。したがって、面談時に把握した情報はいつでも引き出せるように管理しておきましょう。

【4】事前面接

　事前面接の目的は、入所希望者のニーズを的確に把握し、入所に向けて互いに準備を進めるためのコンセンサス（合意）を得ることです。事前面接は施設で行われることが一般的ですが、状況に応じて、入所希望者の自宅を訪問して行うこともあります。

表3-1 ● 事前面接のポイント

①事前面接後の手順の説明	入所に関する可否決定の大まかな手順について説明し、了承を得る。事前面接時に得られた情報をもとに入所検討委員会で入所の可否を決定するため、この段階での入所の可否について明言は避ける。
②入所希望者・家族の意思確認	施設入所について、本人に伝えられているか、本人が理解しているか、自己決定しているかなど、本人の意思を確認する。本人の主訴をしっかりと把握しておくことが重要。
③ADLなど状態像の確認	高齢者の状態像は変化しやすいため、最新の情報を得るように努める。医療的側面、ADL（日常生活動作）、家族の介護状況、認知症の症状・レベルなどを確認する。
④施設での生活についての説明	入所に対する不安や疑問点などを解消するため、パンフレットや資料を提示するなど、相手が十分に理解できるよう工夫が求められる。施設だよりなども効果的。
⑤家族との面談	入所後の家族の協力の有無を確認し、できる限り協力を依頼する。施設からの情報提供の方法や家族への連絡時間帯、手段なども確認する。

【5】生活相談員の役割と勘所

　入所に関する相談は、生活相談員の中核業務である窓口調整業務の一つです。入所希望者や家族との相談・面接を通じて、入所希望者のニーズを引き出し、把握します。これは入所に向けてのインテーク（導入・準備段階の面接）ということもできます。生活相談員には、言語化されていない潜在的ニーズにも意識を向けながら、その緊急性、切迫性に配慮し、早急な対応を図るなど、臨機応変な対応力が期待されます。

関連知識 ＊第1章2　生活相談員の役割「利用者本位」「傾聴」「受容と共感的理解」

利用者基本台帳（フェイスシート）の作成 特養 デイ

　希望者から施設入所やサービス利用の申し込みがあった場合は、情報収集を行い、利用者のフェイスシートを作成します。フェイスシートとは、利用者の基本情報を記載した様式で、利用者基本台帳ともなるものです。

　利用者が特養・デイサービスなどの介護事業所を利用するためには、利用者の生活背景や家族構成、加入している各種社会保険などさまざまな情報が必要です。それらを事業所の決められた場所で一元化して管理することで、台帳としての位置づけのほか、スタッフ間での情報共有にも活用することができます。

【1】 フェイスシートの作成

　フェイスシートには、利用者の氏名、年齢、性別、生年月日などの基本情報を記載するほか、家族構成や生活歴、緊急時の連絡先等もまとめておきます。家族構成や同居の有無を図式化したジェノグラムを表示すると状況が可視化され、理解しやすくなります。

　ジェノグラムとは、専門職が利用者を中心とした家族（3世代の親族関係）構成を理解しやすくするために家系図として図式化したものをいいます。

図3-1 ● ジェノグラムの例

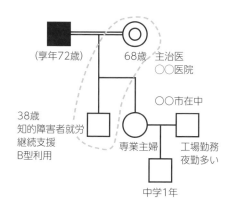

① 性別：男性は□、女性は○
② 本人：男性は▣、女性は◎
③ 死亡：男性は■、女性は●
④ 別居、同居：同居している家族を点線
　等で囲む。別居・離婚している配偶者
　等は、二重の斜線で表す。
　□╫○
⑤ 兄弟姉妹の出生順位：左から「長男・
　長女」「次男・次女」→「末子」の順に
　並べて記載。
⑥ 利用者・家族に関する情報：年齢、職業、
　出身地、利用中の福祉制度やサービス、
　主治医などを記載。

第3章 生活相談員の業務実施マニュアル—業務の流れと留意点

　フェイスシートの作成は、生活相談員の重要な役割の一つです。生活相談員は利用者や家族のさまざまな情報を本人、家族、関係者から収集し、様式に整理します。生活歴については、1回だけの情報収集で終えるのではなく、把握した都度、加筆修正し、常に最新の基本台帳として機能するようにメンテナンスすることが重要です。

　なお、これらの基本情報は、利用者のプライバシーとなる個人情報です。事業所で保管する際は、厳重な注意を払い、持ち出しや盗難にあわないように管理体制を強化しておきましょう。

図3-2 ● フェイスシートの例

			作成年月日		年　　　月　　　日	
居宅介護支援事業所			介護支援専門員			
本人氏名	フリガナ		性別	生年月日	M・T・S	
	氏　名				年　月　日（　才）	
	住　所			電話		
緊急連絡先	氏名（会社名）			電話	－	
	住所			続柄		
介護認定	非該当・要支援1・要支援2・介護1・介護2・介護3・介護4・介護5					
日常生活自立度	寝たきり	正常・J1・J2・A1・A2・B1・B2・C1・C2		判定日	年　　　月	
	認知症	正常・I・IIa・IIb・IIIa・IIIb・IV・M		判定日	年　　　月	

■家族構成図

女性＝○、男性＝□
本人＝◎、
死亡＝●、■　同居＝◯で囲む

■本人の生活歴

氏　名	続柄	同別居	連絡先（TEL）

■相談内容（主訴／本人・家族の希望困っていること）	■家族の介護状況・問題点

医療機関名	病（医）院　　　　科	主治医	
既往歴・現病歴			
アレルギー			
服薬状況（薬名）	朝	有・無	昼	有・無	夕	有・無

関連知識 ＊第2章事例6　「個人情報保護」

126

契約・重要事項の説明 特養 デイ

措置制度から介護保険制度への転換は、高齢者介護の在り方に大きな変革をもたらしました。利用者の「自己選択」「自己決定」は、利用者が自分自身の人生や生活について、サポートを受けながら自分自身で決めていくという本来は当たり前の自己実現の形です。生活相談員は利用者の擁護者であることを意識しながら業務にあたることが求められます。

【1】 契約・重要事項説明

介護事業者は、介護サービスを提供するにあたって、事前に利用者や家族に対して、契約書・重要事項説明書の内容をていねいに説明し、同意を得る必要があります。契約は、特養やデイサービスの入所当日（利用当日）ではなく、その前の面接段階で交わすのが一般的です。契約に際しては、利用者や家族がその内容を理解したうえで同意できるよう、十分な配慮が必要です。

① 利用者・家族が理解しやすい契約内容

契約書の内容は利用者や家族にとって、わかりやすい表現になるよう配慮し、費用など利用者負担となる金額は、具体的に表示します。

② 利用者・家族にわかりやすい説明

契約書・重要事項説明書の説明を行うときは、専門用語などは特にわかりやすく解説し、文書を読み上げるだけにならないように注意します。不明な点は、いつでも確認できるような雰囲気づくりに努めます。

③ 利用者の判断力の把握と代理人との契約締結の判断

利用者本人が契約の主体者ですが、認知症や重度の知的障害などにより、契約行為に対する判断力が十分とはいえない場合は、代理人との契約締結を行うなどの方法で、契約を進めます。

④ 利用者・家族の権利擁護に配慮した説明内容の吟味

利用者・家族は、被介護者という立場から、介護保険制度を利用すること、特養

への入所やデイサービスを利用することに対して、遠慮や気兼ねなどさまざまな感情を抱くことがあります。「介護者―被介護者」という関係性から、意図的ではなくても職員の態度が高圧的に感じられることもあります。生活相談員は、契約にあたっては、利用者・家族を擁護する立場であることを忘れず、常に利用者・家族に配慮した対応を心がけます。

⑤ 事由発生時の契約解除、契約更新の即時対応

契約を結び、サービスが開始された後に、何らかの理由により契約解除の申し出があった場合は、速やかに手続きをとることが望まれます。具体的な理由としては、特養では、長期入院（3か月以上）、死亡、他施設への転入所、在宅復帰などが多く、デイサービスでは長期入院、死亡、他のデイサービスへの利用変更、施設入所などが考えられます。契約の更新は、申し出がない限り自動更新となっている事業所が多いですが、日頃から、利用者・家族と、利用に関する情報共有を図るなかで意向を把握しておくことが大切です。

【2】利用者の状態に応じた配慮

生活相談員は、入所者・利用者の立場に立ち、利用者に契約上の不利益が生じないよう配慮しながら進めることが重要です。例えば、利用者は加齢や疾病等によってさまざまな障害があり、理解力や判断力が低下している可能性があること、利用者と家族との関係は、良好であるとは限らないこと、利用者が自分の意思を相手に伝えることが困難である可能性があることなどが考えられます。また、説明してもわからないだろうと決めつけるのではなく、しっかりと説明責任（アカウンタビリティ）を果たしていくことも事業者として重要であり、信用につながります。

【3】入所・利用手続き

契約は、利用者・家族にとって緊張を強いられる負担の大きい行為です。生活相談員は、事前に伝えるべきことや預かる物などを整理しておき、当日は手続きに時間をかけすぎないように注意します。また契約時も、常に相手の状況や様子に意識を向け、どのようなパーソナリティの人なのか、観察する視点も大切です。

表3-2 ● 契約時の説明事項

① 介護給付費・利用料の説明、支払いに関する主体者、支払い方法について

② ケアプランの内容の説明と同意

③ 利用者のプライバシーと事業者の守秘義務に関する説明

④ 入所者・利用者の入院等による契約の終了に関する説明（入所施設の場合は、身元引受人・死亡の際のご遺体引き取りについての確認）

⑤ 苦情・問い合わせの受付窓口について
　苦情窓口は、事業所の生活相談員等であること、市区町村介護保険課、都道府県国民健康保険団体連合会等にも窓口が設置されていることを伝える。

⑥ 介護保険証・健康保険証等の扱いについて
　特養では、介護保険証、健康保険証等を預かり、「預り証」を発行する。デイサービスでは、コピーをとり利用者へ返却する。

⑦ 緊急時の連絡先の確認
　入所または利用中に体調の急変等が生じた場合のために、緊急連絡先を確認する。できるだけ複数の連絡先（携帯電話・職場など）を把握する。

【4】生活相談員の役割と勘所

　生活相談員は、事業所の窓口調整役として、施設入所・利用開始の際の手続きや利用者の意向に沿った支援体制整備の最初の段階にかかわり、他職種につなぐ役割があります。また手続きでは、契約時には、「重要事項の説明と同意」などのアカウンタビリティを果たすことも信用を得るために重要です。「重要事項説明書」は、利用者の「知る権利」が守られた内容として過不足がないか、定期的に確認します。

関連知識　※第2章事例6「情報収集・情報提供機能」「個人情報保護」「アカウンタビリティ」

第3章　生活相談員の業務実施マニュアル─業務の流れと留意点

④ 特養の退所手続き・デイサービスの利用中止手続き 特養 デイ

特養やデイサービスでは、退所や利用を中止する場合にも手続きが必要となります。退所や利用中止の手続きは主に生活相談員が担い、介護現場と連携しながら対応します。

【1】 特養の退所手続き

入所者が特養を退所する主な理由は、①医療機関への長期入院、②他施設への転入所、③在宅復帰、④死亡です。退所にあたっては、本人と家族の意向を確認し、身元引受人と連絡を取り合い、速やかに手続きを行います。

① 医療機関への長期入院

利用者が医療機関に入院した場合は、おおむね3か月を目途として契約解除の対象となり、退所手続きを行うことになります。医師の判断等により、あらかじめ入院が3か月を超えることが明らかとなっている場合などに、利用者・家族との話し合いによって、退所日を事前に決定することもあります。長期入院による退所は、医療機関を退院した後の生活場所が途絶えてしまうことになるため、利用者や家族にとっては大きな不安材料となります。

生活相談員は利用者や家族に対して、退所後も引き続き相談に応じられる姿勢を示し、微力ながらも今後の方向性を一緒に考えていく意思を伝えることが大切です。

② 他施設への転入所

他施設への転入所では、利用者にサービス内容が合わない、あるいは家族の望む施設とは異なっているなど、さまざまな理由があります。支障がない範囲で、利用者・家族から意向を聞き、転入所先が確保されているのであれば、誠意をもって引き継ぎの手続きを行いましょう。

また転入所先が決まっていないようであれば、希望などを改めて確認し、できるだけ希望に近い施設選びをサポートします。転入所の日が近づいてきたら、利用者・家族に了解を得て、転入所先の施設と連絡を取り合い、可能な範囲で利用者の情報共有を図ります。

③ 在宅復帰

　特養に入所した利用者も、本人や家族の希望があり、心身機能の改善がみられ、在宅での生活環境の好転など、在宅復帰の可能性がある場合には、多職種間でのカンファレンスを行い、在宅復帰に向けた支援を行います。退所後の支援は居宅介護支援事業所のケアマネジャーが中心となるため、生活相談員はケアマネジャーと連絡を取り合い、情報提供します。

④ 死亡

　死亡による退所は、利用者との突然の別れであることも多く、関係者も胸中穏やかではいられません。しかし悲しみに浸っている時間的な猶予もないため、臨機応変な対応が求められます。利用者の最期の時を利用者本位に送ることができるよう、本人・家族の気持ちに寄り添ったかかわりが大切です。

死亡退所の際の対応

　利用者が施設で急変したり、危篤状態となった時は、利用者の家族や提携する医師、その他関係者へ至急連絡します。利用者の死亡に際しては、まず提携する医師に「死亡診断書」の作成を依頼します。特養で看取り介護を実施した際には、提携する医師の診断を24時間以内に受け、死亡診断書（死亡届を兼ねる）を作成してもらうことができます。それ以後になると警察の検案が必要ですが、特養など介護施設においては、常に職員が勤務していることから、警察の介入がない場合もあります。死亡時の状況によって対応が異なることもあるでしょう。

　利用者が医療機関で死亡した場合は、生活相談員が出向き、氏名、死亡日時、死亡原因を確認し、施設に連絡します。家族がいる場合は、遺留品や献体安置場所、葬祭業者などについて相談します。家族がいれば、身元引受人も家族となることが多いですが、念のため確認します。もし身寄りがいない場合には、成年後見人等を確認します。

【2】 デイサービスの利用中止手続き

　利用者がデイサービスの利用を中止する主な理由は、①医療機関等への長期入院、②他のデイサービスへの転利用、③死亡、④家族（代理人）・ケアマネジャー等の意向による中止などです。

　デイサービスの利用中止の判断については、あらかじめ重要事項説明書等に掲載し、利用者・家族の同意を得ておく必要があります。デイサービスは特養とは異なり、契約者数と1日当たりの利用定員が同数ではないため、入院したことで、すぐに契約を解除しなくてもよいと考える事業者もあります。生活相談員は、入院後もケアマネジャーや家族から情報収集し、状況を見ながら利用中止手続きを行います。希望に応じて受け入れが可能であれば、再度契約を行ったうえで利用ができる旨を説明する必要があります。

　②の他のデイサービスへの転利用について、利用者から申し出があった場合は、まずは生活相談員が誠意をもって傾聴し、相談内容は必ずケアマネジャーとも共有を図ります。居宅サービスの場合は、居宅介護支援事業所のケアマネジャーが給付管理を行っており、デイサービスは、ケアマネジャーと一体的にサービス提供に資するケアマネジメントを行うとされています。つまりデイサービスの判断だけで、話を先に進めることはできません。

　④の家族（代理人）・ケアマネジャー等の意向による利用中止は、内容が深刻な場合もあります。仮にそのような状況になった場合は、ケアマネジャーから事情を聴取する必要があるでしょう。地域のケアマネジャー同士のつながりが強く、よいことも悪いことも情報共有が迅速に行われる傾向があります。万が一、事業所の信用を失うような出来事が理由となり利用中止に至っているとしたら、誠意をもって対処することが大切です。生活相談員の役割である、修復的関係づくりの一つです。

図3-3 ● 退所・利用中止の手続きの流れ

① 退所・利用中止の事由が発生する（入院・転施設・本人や家族の希望など）
   ↓
② 事由や退所・利用中止後の受け入れ先についての情報収集
   ↓
③ ＜特養＞退所判定
   ↓
④ 退所決定・利用中止決定について利用者と家族へ説明・同意
   ↓
⑤ ＜特養＞入院・転入所先へ退所決定の申し送り
   ＜デイ＞居宅介護支援事業所のケアマネジャーと情報共有
   ↓
⑥ 事業所内の他職種へ連絡し退所・利用中止の準備
   ↓
⑦ ＜特養＞市町村等（自治体）への連絡
   ↓
⑧ 利用者の個人情報の適切な管理

[3] 生活相談員の役割と勘所

　特養やデイサービスを退所したり、利用を中止したりする理由は人それぞれです。生活相談員は利用者・家族と向き合い、退所や中止となる利用者の状況を受け止め、不安や悲しみを抱いている相手を受容し、共感的に理解することが大切です。

　施設で利用者を看取った後に、遺族から本人への対応を感謝され、「互助会活動」によって施設を後方支援したいとの申し出を受けたという事例もあります。家族と事業所との信頼関係は、退所や利用中止によって終わるのではなく、さらなる絆が生まれることもあるのです。退所や利用中止の手続きを利用者本位に支援することが、その後の事業所の信用に関係します。生活相談員は事業所の窓口調整役として重要な役割があります。

関連知識 ＊第2章事例6「情報収集・情報提供機能」「個人情報保護」「アカウンタビリティ」

第3章 生活相談員の業務実施マニュアル―業務の流れと留意点

⑤ 施設ケアプランの作成 特養

　介護保険制度の基本的理念である「利用者本位のサービス提供」「利用者の自立支援」を明文化したのが、「施設サービス計画書（施設ケアプラン）」です。利用者は、これまで自らの人生を歩む一人の「人」として生活を送ってきました。病気や障害により、生活に支援が必要になったとしても、これは変わりません。特養に入所しても、自立した生活を送ることができるよう、利用者・家族と事業所との間での合意（コンセンサス）を形成するために、ケアプランを作成します。

　生活相談員は、計画作成担当のケアマネジャーが作成する施設ケアプランへの協力を行います。

【1】施設サービス計画書への協力

　施設サービス計画書（以下「施設ケアプラン」）の作成は、計画作成担当のケアマネジャーの業務です。しかし、ケアマネジャーが一人で作成するのではなく、ケアマネジャーを中心としたケアチームのメンバーがそれぞれ専門職として把握した利用者情報を提供し合い、施設ケアプランを作成する必要があります。

　生活相談員は、施設ケアプランの作成にあたって、利用者だけではなく、家族や関係者などとコミュニケーションを図り、情報収集を行うほか、利用者の意向をふまえて、計画作成担当のケアマネジャーに協力するという立場から情報提供を行います。施設ケアプランに明文化された支援方針は、施設内での利用者の日常生活上の課題だけではなく、施設の外部、つまり地域社会との接点があるかなど、メゾ・マクロの視点に立った総合的な支援の具現化が大切です。生活相談員は、ミクロ・メゾ・マクロの各視点で、統括的な立場として利用者の施設ケアプランの立案に協力することが効果的です。

【2】施設サービス計画書について利用者・家族のコンセンサスを得る

施設ケアプランの作成は、多職種協働で行うことが重要です。それは多面的な視点で利用者をとらえ、各専門職から見た利用者についてのさまざまな特徴や課題を共有し合いながら計画の作成を行う必要があるからです。国際生活機能分類（ICF）（P47参照）の各項目を網羅的にアセスメントし、利用者を全人的に把握するなかで支援方針を立てていきます。

作成された施設ケアプランは、利用者・家族に説明し、同意を得ることが義務づけられています。「説明と同意」は介護保険制度の理念である自己選択・自己決定に基づいています。「説明と同意」は、単に文章を読んで、捺印してもらうという行為ではありません。利用者や家族には、今の実情に即した計画となっているのか、また状況は周期的に変化していないか、どのような支援計画なのか、疑問や質問事項はないかなどのやり取りを通じて理解・納得できた時に署名・捺印をしてもらいます。利用者自身で署名することが困難な場合は、家族や代理人に依頼します。

【3】生活相談員の役割と勘所

施設ケアプランは、計画作成担当のケアマネジャーが作成することになっています。しかし、施設サービスでは、看護師や介護職員などの社会資源が、施設のなかである程度パッケージ化されていることもあり、さまざまな社会資源を利用者のニーズに応じて結びつけるというケアマネジメントを効果的に機能させることが難しい状況もあります。もちろんそのような状況下でも創意工夫してサービス提供している事業所も多数あるでしょう。

生活相談員は、社会（地域）や他施設の情報、自らの福祉観・介護観を積極的に発信し、ケアマネジャーと共有を図りながら、施設ケアプラン作成のアドバイザー役を担うことが重要です。

関連知識　＊第1章2　生活相談員の役割「利用者本位」
＊第2章事例1「ストレングス」「エンパワメント」

第3章

生活相談員の業務実施マニュアル―業務の流れと留意点

通所介護計画書の作成 デイ

　通所介護計画書とは、デイサービスを利用する利用者一人ひとりに対して作成する個別支援計画書のことです。通所介護計画書は居宅サービス計画書（ケアプラン）に基づいて作成することになっており、居宅介護支援事業所のケアマネジャーを中心としたチームケアのなかで、一貫性のあるサービス提供を行うための重要な書類の一つです。

【1】 通所介護計画書作成の手順

　通所介護計画書の作成は、①誰が、②どのような手順で、③どのような内容で、④いつ作成するのか、という点について理解しておきましょう。

① 作成者

　ケアプランは、施設では、計画作成担当ケアマネジャー、居宅サービスでは、居宅介護支援事業所のケアマネジャー（居宅ケアマネジャー）が作成します。一方、通所介護計画書は、必ず生活相談員が担当しなければならないとは決められていません。デイサービスによっては、介護職員が作成しているところもあります。ただ、居宅ケアマネジャーとの関係性や利用者・家族の意向を総括的に理解できているという点をふまえると、生活相談員が適任ではないかと思います。

② 作成の手順

　通所介護計画書の作成は、インテーク（受理面接）やアセスメントなどと一体的に進められます。作成手順は、図3-4の通りです。便宜上、手順に番号をふっていますが、例えば危機介入アプローチによりサービスが開始される場合など、状況によっては、順番通りではなく、3と4が同時に、あるいは順不同となることもあります。

図3-4 ● 通所介護計画書作成の流れと関係書類

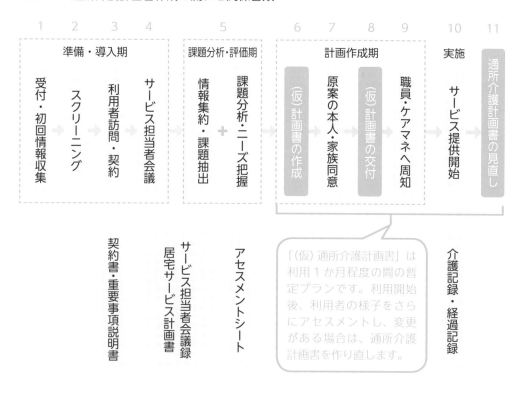

　通所介護計画書は、「課題分析・評価期」と「計画作成期」の過程で言語化され
ます。特養の「施設サービス計画書（施設ケアプラン）」は、総合的・基本的計画
書（骨組みを形どる計画書のこと）と個別援助計画書（事業所での具体的な支援
（介護）計画のこと）を一つの様式で兼ねています。一方、通所介護計画書の場合
は、居宅サービス計画書が総合的・基本的計画書であり、通所介護計画書はケアプ
ランと同じ支援方針で作成する、個別援助計画書という位置づけになります。し
たがって、通所介護計画書は、実践的な計画書である必要があります。
　例えば、居宅サービス計画書には各専門職が、どこでどのような声かけをし、
どのような方法で介助を行うかなどは記載されていません。一方、通所介護計画
書には、できるだけ具体的な支援内容・方法の記載が求められます。また利用者・
家族が理解しやすい表現で記載するなどの配慮が必要です。

③ 計画書の内容

図3-5 ● 通所介護計画書作成の手順と内容

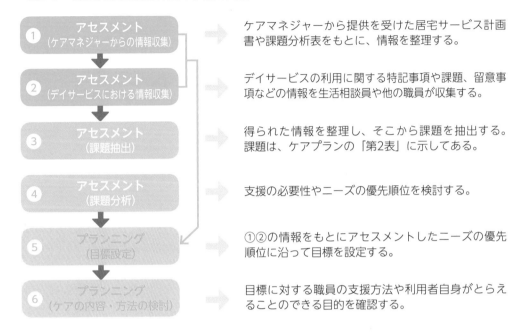

図3-5では、わかりやすいようにアセスメントの過程を四つに分けています。①アセスメント（ケアマネジャーからの情報収集）では、居宅ケアマネジャーが実施したアセスメント情報の提供を受けて、それを活用するというものです。②アセスメント（デイサービスにおける情報収集）は、居宅ケアマネジャーからの情報だけでは不足している利用者情報について、契約時やサービス担当者会議の際などに聴取するものです。デイサービスとしては、送迎時の車両への乗降動作や車酔いの有無などの情報も必要です（P164参照）。

　③アセスメント（課題抽出）ですが、「解決すべき課題（ニーズ）」は、ケアプランと一致させる必要があるため、居宅サービス計画書の第２表を確認します。④アセスメント（課題分析）では、ニーズの優先順位などを検討しますが、これもケアプランと同様に記載します。ニーズの表記も上から順番をそろえます。

　⑤プランニング（目標設定）ですが、目標は「短期目標」と「長期目標」に分けられます。短期目標の延長線上に長期目標がくるように、同じ方向性を意識して立案します。短期目標は、今すぐ取り組むべき実行（実施）目標で、実施期間は3〜6か月、長期目標は、将来の生活を思い描けるような生活目標で、実施期間は6〜12か月とするのが一般的です。例えば、図3-6の二つ目の課題では、「短期

目標：トイレや入浴などの際に廊下を利用し、職員と一緒に歩く機会を増やす」「長期目標：行きたいところへ、自分で歩いていくことができる」というように計画します。

図3-6 ● 通所介護計画書の例

氏名：　　トモコ　　様

解決すべき課題	長期目標	期間	短期目標	期間	介護内容	担当者
自宅の浴室では転倒の不安があるため、安全に入浴できるようになりたい。	安心して入浴し、清潔感のある生活を送ることができる。	○○年1月1日〜○○年6月30日	転倒せずに安心して入浴することができる。	○○年1月1日〜○○年3月31日	デイサービスで入浴することで転倒などの不安を解消し、清潔感のある生活を送っていきましょう。 【トモコ様の生活内容】 ・職員の見守りを受け、安全に入浴を行います。 ・スポンジで全身と顔を洗います。職員の見守りを得ながら湯船にゆっくり浸かります。 【職員のケア内容】 ・床が滑りやすいので、脇を支えながらゆっくり歩行介助を行います。 ・手の届かない背中と髪を職員が洗います。 ・背面と臀部洗浄は、トモコ様に声をかけ、半身ずつ行います。	生活相談員 看護師 介護職員
歩行機会が減少しているので、下肢機能維持のため、安心して歩く機会がほしい。	行きたいところへ、自分で歩いていくことができる。	○○年1月1日〜○○年6月30日	トイレや入浴などの際に廊下を利用し、職員と一緒に歩く機会を増やす。	○○年1月1日〜○○年3月31日	デイサービスで歩行練習の機会を設けることで、足の力を維持し、ご自宅での室内移動を安全に行っていきましょう。 【トモコ様の生活内容】 ・トイレや入浴などの機会を利用し、トモコ様のペースでゆっくりと歩行を行います。 ・10mある廊下は歩行車を使用して安全に歩きます。 【職員のケア内容】 ・職員はトモコ様のそばに付いて、ふらつきや転倒などないように、見守りと声かけを行います。 ・体調の変化などがある際には、様子を伺いながら、脇を支えるなど配慮を行います。 ・一日の歩行距離を連絡帳でお知らせします。	生活相談員 看護師 介護職員

⑥プランニング（ケアの内容・方法の検討）では、まず利用者自身が、デイサービスでどのようなことを行うのか、何に留意して支援するのかなどを明記します。デイサービスの運営は介護保険制度に則り、利用者本位でのサービス提供を行う必要があります。したがって、先に利用者自身の生活内容について記載し、次に職員が行うケアの内容を記載をします（図3-6参照）。

通所介護計画書は事業所の職員のほか、利用者・家族も見るものです。できるだけわかりやすい記述を心がけ、業界用語、略語や記号、難解な専門用語の使用は控えます。誰にでも理解できる言葉を選びましょう。

④ 作成の時期（タイミング）

　通所介護計画書には、「作成日」と「交付日」があり、それぞれ重要な意味をもっています。まず「作成日」は、新規利用者の場合は、契約日から利用開始日までの間の日付を記載し、翌月からは、前月末から翌月の月初（○月1日）をリミットとして日付を記載します。

　また「交付日」は、翌月の最初の利用日までの間で、内容について説明し、同意を得た日付けを記載します。「交付日」が、その月のサービス提供を行った日の後の日付になっていると、実施したサービスは無効となってしまいます。サービス提供は、あらかじめ通所介護計画書に記載され、サービス提供票にて計画された通りに実施すべきものであって、通所介護計画書が作成・更新されていないままでの実施はあり得ないからです。通所介護計画書は、必ず月初にそろっていて、サービスを提供する前に利用者に交付している必要があります。

【2】 生活相談員の役割と勘所

　通所介護計画書とは、利用者一人ひとりの「こんな生活を送りたい。そのためにここを支援してほしい」という思いや希望を言語化したものです。生活相談員は利用者の特性を把握し、当事者性を考慮したデイサービスでの過ごし方や支援の在り方について、他職種とも相談しながら計画を立て、実際の支援に具現化させていくことが重要です。

関連知識　＊第1章2　生活相談員の役割「利用者本位」
　　　　　＊第2章事例1「ストレングス」「エンパワメント」

インテーク・新規利用者の調整 [特養] [デイ]

インテークは、支援の入口、準備・導入期に実施される受理面接です。利用者にとってはその後の生活に大きく影響を及ぼす大事なプロセスといえます。インテークでは、利用者からの相談の概要を聞き取り、支援の緊急性や優先度を判断するための手がかりとなる入所理由・利用目的（主訴）を把握していきます。同時に、利用者に介護保険制度やケアマネジメント、特養やデイサービスの特性などを理解してもらい、サービス利用に向けた心の準備をしてもらうプロセスでもあります。

利用者のなかには、これまでの生活場所（医療機関や居宅など）で閉じこもりがちとなり、対人関係が希薄な人も多くいます。したがって、特養やデイサービスなど、多くの利用者が生活する場で過ごすことは、それなりの覚悟がいることです。また生活環境も大きく変わります。利用者の不安感やとまどいを最小限にするために、事前の見学やパンフレット等を用いた説明、記録写真・行事計画書の閲覧など、特養やデイサービスがどのような雰囲気なのか、概要を理解してもらうことが大切です。

【1】 インテーク（受理面接）の進め方

インテークは、特養への入所希望やデイサービスの利用希望の申し込みによって始まります。ケアマネジメントのプロセスに沿って、その後のサービス提供にスムーズにつなげていく必要があるため、利用者の入所理由や利用目的を把握し、制度や事業所について正しく伝えられる専門職が担います。生活相談員は窓口業務の役割があるため、インテークなどの初期段階からかかわり、利用者との関係を築きながら、相手の置かれている状況を理解し、ていねいに対応します。

【2】 インテーク（受理面接）の留意事項

生活相談員は、インテークを行い、利用者の置かれている状況をできるだけ正確に理解し、ニーズをより具体的にとらえます。インテークの際の留意点は次の通りです。

① 場所

インテークはさまざまな場所で行われます。特養では面接室など、他者から相談内容を聞かれることのない個室で行うことが望ましいでしょう。デイサービスの場合は、利用者の自宅を訪問して行うことが一般的です。どのような環境で暮らしているのかなど、アセスメントも同時に行います。

② 態度

「バイステックの7原則」（P56参照）に従って対応します。インテークは、利用者と十分な信頼関係が築かれていない状況で行われます。利用者はそのような相手である生活相談員に対して、自らのプライバシーにかかわることを吐露せざるを得ません。したがって、生活相談員は利用者の差し迫った心情を十分に理解し、またそれを態度に示していく必要があります。目線、うなずき、あいづちなど、全身で傾聴の姿勢を示すなど、利用者とのコミュニケーションを慎重に行います。またソーシャルワーク専門職としての職業倫理を徹底します（参考：公益社団法人日本社会福祉士会の倫理綱領）。

③ 関係性

インテークを実施するために、はじめて電話をかけた時からすでに利用者との関係が始まっています。生活相談員が利用者を見ているのと同じように、利用者・家族も事業所や生活相談員を観察しています。相手とのよい関係性を築いていくために、利用者の置かれている状況に十分に配慮した対応を心がけましょう。

図3-7 ● 特養への入所手順

① 居宅介護支援事業所のケアマネジャーからの利用相談（電話・来所）
↓
② 利用者の現況を確認
　　　＊利用者の現在の状況・相談内容の確認、施設来所日の決定
↓
③ 利用者・家族の施設への来所
↓
④ 施設の目的・サービス内容・入所基準などを説明
↓
⑤ 利用者との契約・アセスメントへ
　　　＊ケアマネジャーと協力して行う

図3-8 ● デイサービスの利用手順

① 居宅介護支援事業所のケアマネジャーからの利用相談（電話・来所）

↓

② 利用者の現況・利用希望の確認

　　　＊利用者ニーズに結びつく利用目的を確認

↓

③ 利用者の自宅への訪問

↓

④ デイサービスの目的・サービス内容などを説明

↓

⑤ 利用者との契約・アセスメントへ

　　　＊ケアマネジャーと協力して行う

【3】 生活相談員の役割と勘所

　ソーシャルワーク専門職である生活相談員は、人と人をつなぐ、また人と場をつなぐ、橋渡しの役割があります。インテークはまさに支援の入り口ですので、利用者と特養やデイサービスなどの介護事業所とをつなぐという重要な役割を担っています。

　利用者にとっては「未知の場所」なので、緊張しますし、体調が変化してしまう人もいます。生活相談員は、事務的な業務を行うだけではなく、顔や名前、人柄も覚えてもらい、安心感を与えられるようにかかわりましょう。

関連知識　＊第1章2　生活相談員の役割　「利用者本位」「傾聴」「受容と共感的理解」

第3章　生活相談員の業務実施マニュアル―業務の流れと留意点

8 課題分析（アセスメント） 特養 デイ

アセスメントは、さまざまな側面から収集した利用者に関する情報をもとに、生きづらさ、生活のしづらさについて、専門的な視点から生活課題を抽出し、必要となる支援に結びつけていくプロセスです。アセスメントは特養などでは、施設ケアマネジャーが行うことが多く、デイサービスでは、居宅介護支援事業所のケアマネジャー（居宅ケアマネジャー）が行った課題分析表（アセスメント表）に基づき、デイサービスの生活相談員や介護職員などが、さらに必要な情報を得るために再度、行います。

【1】 ニーズの把握

特養への入所やデイサービスの利用にあたっては、まず利用者のニーズを明確化する必要があります。利用者（特養では入所待機者）には、現在の生活において、どのような解決すべき課題（ニーズ）があるのか、そのニーズを満たすにはどのような支援が必要か、また他機関や関係者につなぐ必要性はないかなど、さまざまな状況を想定しつつ明確化していきます。

生活相談員は、所定のアセスメントシートを用いて身体的、精神的、社会的状況について情報を整理し、特養では施設ケアマネジャーへ、デイサービスでは看護師・介護職員等に伝えます。

【2】 生活相談員の役割と勘所

現状では、実際に生活相談員が利用者の身体状況や精神状況について、一からアセスメントに携わることは少ないのではないかと思います。特養ではケアマネジャーや介護職員がその役割を担い、デイサービスにおいては居宅ケアマネジャーから届く課題分析表（アセスメント表）などを活用しながら業務を進めます。そのなかで、不足する情報について、デイサービスの職員が改めてアセスメントを行うという流れが一般的です。

事業種別により、生活相談員のアセスメントへのかかわり方は異なりますが、「利用者本位」や「自立支援」の理念に照らして権利擁護を重点的に推し進めることが重要な役割であることは変わりありません。利用者の「介護を必要とする部分」だけに着目し、「できる」か「できない」かという平面的な情報になるのを防

ぐために、利用者の主訴や支援方針・サービス内容に対する要望、また家族の意向などを把握し、ケアマネジャーや介護現場に代弁する機能が期待されています。身体的側面だけではなく、精神的側面や社会的側面についてもていねいにアセスメントを行い、多職種間で検討していけるよう、現場への見守り機能を発揮します。

図3-9 ● 課題分析標準項目（アセスメントシート）

	生活の様子Ⅰ		
食事	1 自立　2 一部介助　3 全介助　4 経管栄養 〔主：普通・粥・ミキサー〕 〔副：普通・刻み・極刻み・ミキサー〕 特別食（有・無　　　　食　　　kcal・g） 好きな食べ物（　　　　　　　　　　　　　） 嫌いな食べ物（　　　　　　　　　　　　　） 義歯：有・無（全・上・下/　　　　　　　） 特記事項：	排泄	1 自立　2 一部介助　3 全介助 〔トイレ　・　ポータブル　・　オムツ〕 トイレの使用状況 （昼：　　　　　　　夜：　　　　　　　） 尿意（有・無）便意（有・無） 下痢：有・無（頻度　　　　　　　　　　） 特記事項：
入浴	1 自立　2 一部介助　3 全介助 〔一般浴　・　中間浴　・　特浴〕 在宅での入浴： 　有・無（移動入浴車　・　一般浴槽　・　清拭） 主治医からの指示：有・無 特記事項：	移動	1 自立　2 一部介助　3 全介助 〔杖　・　歩行器　・　車椅子〕 車椅子の自力操作：可　・　不可 特記事項：
認知症	1 妄想　2 作話　3 幻覚・幻聴・幻視　4 感情不安定 5 昼夜逆転　6 暴言・暴行　7 同じ話・不快音　8 大声を出す 9 介護への拒否　10 徘徊　11 不穏　12 失見当　13 収集癖 14 火の不始末　15 不潔行為　16 異食行為・性行動		特記事項：
	生活の様子Ⅱ		
着脱		睡眠	
視力		聴力	
コミュニケーション		麻痺	
褥瘡		行動障害	
在宅生活の様子		嗜好品	お　酒：1）飲む（1日の量：　　　　　　） 　　　　2）飲まない タバコ：1）吸う（1日：　　　　　　本） 　　　　2）吸わない
備　考：			

関連知識 ＊第2章事例6「情報収集・情報提供機能」「個人情報保護と情報開示」

⑨ サービス担当者会議 特養 デイ

　特養・デイサービスなどの介護事業所では、ケアマネジメントプロセスに沿って、利用者にサービスを提供します。専門職には、利用者が自ら質の高いサービスを選び、自立した生活を送ることができるよう支援することが求められています。そのため介護事業所の専門職がスムーズに連携を図り、利用者の情報を共有し、多面的に支援を展開していくためのケアカンファレンスを随時開催し、サービスの質の向上を図っていきます。利用者・家族が、介護事業所において満足のいく生活を送っていくためには、ケアカンファレンスは大切なプロセスです。

【1】 ケアカンファレンスの種類

　介護事業所では、職員全体会議やサービス担当者会議、職員会議、事例検討会、入退所検討会議などさまざまな種類のカンファレンスを行っています。そのなかで、利用者のサービスの質にかかわる重要なケアカンファレンスは、「サービス担当者会議」といわれるケアカンファレンスです。このサービス担当者会議は厚生労働省令に位置づけられている重要な会議で、生活相談員の参加も求められます。

【2】 サービス担当者会議への出席

　サービス担当者会議は、ケアマネジャーが主催する会議で、利用者・家族と専門職を含むケアチームでコンセンサスを図り、支援の方針を決定するための重要な場です。事業所の種別や規模を問わず、開催する必要があります。

　特養等の入所施設のサービス担当者会議は、計画作成担当の施設ケアマネジャーが主催します。入所施設には、中重度の利用者が多数入所しており、自ら意思表示をすることが困難な人もいます。生活相談員はそのような利用者の権利擁護を行う立場にあることから、サービス担当者会議に際しては、利用者や家族をサポートし、会議の場で代弁者として他職種に情報を伝達し、会議で確認した支援方針を改めて利用者・家族に説明する役割があります。

　デイサービスなど居宅サービス事業所でのサービス担当者会議は、居宅介護支援事業所のケアマネジャーが主催・招集を行います。入所施設では、支援内容は主に施設としてパッケージされたなかで展開されるのに対して、居宅サービスでは、サービス担当者会議において、地域に点在する介護事業者が一堂に会し、相互理解を図

りながら利用者の支援を行うネットワークを形成します。デイサービスの生活相談員は、表3-3に挙げた「目的」を念頭においてサービス担当者会議に参加するとよいでしょう。また、サービス担当者会議を欠席する際に提出を求められる「照会」についても同様の観点から内容を組み立てます。

　サービス担当者会議において生活相談員には、利用者・家族の権利擁護（アドボカシー）や情報収集・情報提供の役割が期待されます。

表3-3 ● サービス担当者会議の目的

- 利用者を多面的に理解するために、生活歴・生活背景、生活機能（ADLやIADL）、家族との関係性などの情報を集約し、会議を通じて情報共有を図る。
- 利用者の主訴を把握し、それを自事業所においてどのように具現化したらよいか検討する。
- 家族の意向を把握し、利用者のニーズとすり合わせ、代案や妥協点を見出す。
- チーム全体での支援目標を理解し、ケアプランにおけるデイサービスの役割を確認する。
- 他事業所、他機関ではどのようなサービス提供を行っているか、支援方針・方法を確認し、自事業所においても総合的な方向性の統一化を図るための指針とする。

【3】 生活相談員の役割と勘所

　生活相談員には、多職種連携・調整の役割があります。施設サービスでは、通常は同じ事業所内の看護師や介護職員などと会議を開催ますが、居宅サービスでは、地域に点在している他の事業所の関係者が参集することになります。つまりデイサービスの生活相談員は、事業所の代表という立場で、サービス担当者会議に出席することになります。

　そう考えると、特養の生活相談員は、社会的側面からの情報を、デイサービスの生活相談員は、看護師、介護職員の意見も集約した情報をやり取りすることが必要となります。同じ「サービス担当者会議」ですが、生活相談員の立ち位置によって、求められる役割が変わってくることを意識しておきましょう。

関連知識
＊第1章2　生活相談員の役割「利用者本位」
＊第2章事例3「代弁機能」
＊第2章事例5「多職種連携・調整機能」
＊第2章事例6「情報収集・情報提供機能」

第3章
生活相談員の業務実施マニュアル──業務の流れと留意点

⑩ サービス利用中の生活相談 特養 デイ

　特養やデイサービスで日頃、接している利用者について、「利用者」とひとくくりにした見方をしてしまう可能性もありますが、一人ひとりの生活がそこで営まれていることを忘れてはなりません。個々人の生活にはさまざまな背景があり、生き方も価値観も異なります。ある利用者にとっては気にならない生活音も別の利用者にとっては、耐え難い音かもしれません。ある利用者にとっては褒められたと感じる言葉も、別の利用者にとっては、侮辱されたと感じることもあるかもしれません。

　日常で生じる疑問や不安感を抱え続けるのは、より大きな不安やストレス、苦痛となることもあります。アカウンタビリティ（説明責任）は、生活相談員に限らず、すべての施設職員が負っている責任といえるでしょう。

【1】 利用者の意向の把握

　ケアマネジメントは、利用者のニーズに基づき、最適な支援を行うことで、本人にとっての自己実現へとつなげていきます。利用者が特養やデイサービスを利用することで、どのような生活を望んでいるのか、結果として満足のいく生活を送ることができているのかを把握する必要があります。しかし現場では、利用者の意向を把握することが大きな課題となっていることも事実です。サービス利用中の生活相談は、言語的コミュニケーションが可能な利用者が中心になりがちですが、コミュニケーションが困難な利用者ほど想いが強かったり、自身の生活や人生に対して強い意向をもっていたりすることも少なくありません。コミュニケーションが困難な人は、何かを「伝える」というところから障壁があるため、言葉にできないいくつもの想いを心に溜め込んでいる可能性があります。

　生活相談員は、利用者から相談があった場合には、コミュニケーションの図り方を考慮しつつ、ていねいに応じていくことが求められます。さらに利用者から特別な相談がなくても、定期に介護現場に足を運び、利用者に声をかけ、関係性を築いていくことが大切です。

【2】 生活相談の留意点

① 日常の生活相談に隠れたニーズを把握する

　ニーズの把握は、多職種共通の重要な業務です。しかし、利用者の「できないこと」「問題点」に視点がおかれてしまうことが多く、それは専門職が介入したからこその問題点、もしくは専門職にとっての課題となってしまう危険性もあります。利用者のディマンズ（基本欲求や希望など）を理解するためにも、日常の生活相談から利用者がどのような考えや希望をもっているか把握しておくことが大切です。

② 利用者は相談する相手を選ぶ

　職員と利用者は、「介護者と被介護者」という関係にあります。職員は専門職として利用者を把握し、個々に応じて対応します。一方で、利用者も担当職員の性格や業務態度を観察しており、職員一人ひとりに応じた接し方をしています。

　生活相談員の業務は、利用者との信頼関係のうえに成り立つ仕事です。利用者の生活相談には、真摯な態度でのぞみ、共感的理解を図りましょう。

③ 利用者と向き合うタイミングを逃さない

　利用者は、忙しそうに動き回る職員を眺めながら、なかなか声をかけられず、ゆっくりとコミュニケーションを図ることができずにいます。また自分からは、コミュニケーションを図ろうとしない人もいます。したがって、利用者から声をかけられたときは、本人にとって伝えるべきタイミングだったということです。できるだけそのタイミングを大切にします。また利用者の様子に変化があり、「何となく気になる…」という時もそのタイミングかもしれません。

④ 生活相談員だからこそ聞ける話を大切にする

　生活相談員は、時間調整の仕方次第で、利用者一人ひとりとかかわる時間を作ることができます。そのような時間こそが、利用者と向き合い、一歩踏み込んだ真の意向を引き出すことができる時間といえます。利用者や家族が内に秘めた思いを語るには、「声をかけやすい雰囲気」「話をする時間がありそう」「話を聞いて、受け止めてくれそう」など、雰囲気を意図的に作っていくことも大切です。

⑤ 相談内容が家族、地域関係者に及ぶこともある

　利用者からの生活相談は、利用者の個人的なことが多いですが、時には、利用者を取り巻く生活環境の調整が必要であったり、他者との関係に介入したり、制度的支援が必要になったりする場合もあります。相談内容については、生活相談員がすべて一人で抱え込み、解決しようとせず、他職種や外部の関係者等の協力を得ながら対応することも大切です。

【3】 生活相談員の役割と勘所

　生活相談員は利用者の生活の安全を守るほか、個人情報やプライバシーの保護、不利益が生じないよう見守るなどの利用者の権利擁護の役割を担っています。日常的に持ちかけられる生活相談に応じることはもちろんですが、声を発することが困難な利用者や声をかけることに遠慮がある利用者に対しては、接するなかで感じ取った利用者の想いを代弁することも大切です。

　何気ない利用者からの相談に対し、当事者性を意識しながら傾聴することで、利用者との深い信頼関係が生まれ、その後の支援につながります。いずれ訪れる「最期」についてどのような希望があるのかなど意思決定に関する大切な話もできる関係性を築いていくことが大切です。

　すべての生活相談について生活相談員が対応するということではなく、生活相談員・ケアマネジャー・介護職員などがそれぞれ独立した専門職としてかかわり、お互いに連携を図りながら横断的に利用者に対応することが大切です。

関連知識　＊第1章2　生活相談員の役割「傾聴」
　　　　　＊第2章事例1「意思決定支援機能」
　　　　　＊第2章事例4「支持的支援関係」

給付管理・介護報酬の請求手続き デイ

デイサービスの生活相談員が行う業務の一つに、デイサービスの実績管理があります。生活相談員は居宅介護支援事業所のケアマネジャーと連携を図り、利用者のサービス提供票に基づいて、基本的な給付管理業務の一部に携わります。

【1】給付管理業務とは

利用者が介護保険サービスを利用すると、サービス提供事業者は介護給付費（利用者負担分を除くサービス利用料）を国民健康保険団体連合会（以下、「国保連」）に請求することになります。国保連は審査を行ったうえで、サービス事業所に給付を行いますが、その審査の際に必要となるのが、居宅介護支援事業所のケアマネジャー（居宅ケアマネジャー）が作成する「給付管理票」です。デイサービスの実績管理は、この給付管理票と照合・合致させて行います。デイサービスの生活相談員は、利用者のサービス利用状況と居宅ケアマネジャーとの情報共有という両側について理解し、給付管理業務の一端を担うのに適しているといえます。

【2】給付管理業務の流れ

図3-10 ● 給付管理業務の流れ

① 居宅介護支援事務所のケアマネジャーから「サービス提供票」が届く
↓
② 利用者の1か月間の利用予定日を確認する（利用の準備）
↓
③ サービスを利用するたびに利用実績を入力する（入力をため込むと曖昧になる）
↓
④ 1か月分の入力が終了したらケアマネジャーに「利用実績」を送付する
　　（ケアマネジャーとの間で利用実績について請求前の情報共有があるとよい）
↓
⑤ 国保連へ介護給付費の請求のため「伝送」する
↓
⑥ 「返戻」「過誤」がある場合にはケアマネジャーと書類の照合を行う
↓
⑦ 国保連へ再度請求を行う
↓
⑧ 利用料請求書を作成し、利用者に発送（または手渡し）する
↓
⑨ 当月の利用実績の集計を行い、データベースに保存する

第3章　生活相談員の業務実施マニュアル―業務の流れと留意点

① 居宅介護支援事業所のケアマネジャーから「サービス提供票」が届く

サービス提供票は、前月末までに居宅ケアマネジャーから届きます。サービス提供票とセットになっている「サービス利用票」は、居宅ケアマネジャーが利用者に確認し、同意を得たうえで、デイサービスなどの居宅サービス事業所に配布されます。デイサービスの生活相談員は、居宅ケアマネジャーからサービス提供票を受け取ったら、すぐにサービス内容を確認し、サービス実施の準備を行います。

図3-11 ● サービス利用票・サービス提供票の例

認定済・申請中

令和○年○月分　サービス利用票・サービス提供票

保険者番号	○○○○○○	保険者名	東京都 ○○区	居宅介護事業者事業社名担当者名		作成年月日	令和 年 月 日
被保険者番号	×××××××	フリガナ	ハナコ	保険者確認印	東京都○○区長	届出年月日	令和 ○年 ○月 ×日
		被保険者氏名	花子				
生年月日	明・大・昭 ○年 ○月 ○日	性別 男・女		区分支給限度基準額	○○○単位/月	限度額適用期間	令和○年○月から 令和○年○月まで
		要介護状態区分	要支1・2要介12345			前月までの短期入所利用日数	日
		変更後要介護状態変更区分	要支1・2要介12345 平成 年 月 日				

提供時間帯	サービス内容	サービス事業者事業者名	日付	1	2	3	4	5	6	7	8	9	10	11	12	13	14	15	16	17	18	19	20	21	22	23	24	25	26	27	28	29	30	31	合計
			曜日	日	月	火	水	木	金	土	日	月	火	水	木	金	土	日	月	火	水	木	金	土	日	月	火	水	木	金	土	日	月	火	回数
			予定																																
			実績																																
			予定																																
			実績																																
			予定																																
			実績																																
			予定																																
			実績																																
			予定																																
			実績																																
			予定																																
			実績																																
			予定																																
			実績																																
			予定																																
			実績																																

訪問通所所区分支給限度管理・利用者負担計算

事業所名	事業者番号	サービス内容／種類	サービスコード	単位数	回数	サービス点数／金額	種類支給限度基準を超える単位数	種類支給限度基準内単位数	区分支給限度基準を超える単位数	区分支給限度基準内点数	単位数	単価	給付率（％）	保険給付額	利用者負担（保険対象分）	利用者負担（全額負担分）
				区分支給限度基準額（点）	合計											

種類別支給限度管理

サービス種類	種類支給限度基準額（点）	合計点数	種類支給限度基準額（点）	サービス種類	種類支給限度基準額（点）	合計点数	種類支給限度基準額（点）
訪問介護				通所介護			
訪問入浴介護				通所リハビリ			
訪問看護				福祉用具貸与			
訪問リハビリ				合計			

要介護認定期間中の短期入所利用日数

前月までの利用日数	当月の計画利用日数	累積利用日数

② 1か月間の利用予定日を確認する（利用の準備）

　利用者一人ひとりのサービス内容は、居宅介護支援事業所から届く「サービス提供票」によって確認することができます。生活相談員は、毎月、一人ひとりの利用者がいつ利用するのか、ショートステイなどの利用によって変則的に利用するのかなどを確認する必要があります。この確認をきちんと行うことで、送迎で迎えに行ったら留守だったり、利用日に迎えに行かなかったりという間違いを防ぐことができます。また、「要介護状態区分」「サービス内容」「加算の内容」「利用日」「時間帯」「区分支給限度基準額」等についても確認します。

③ サービスを利用するたびに利用実績を入力する

　サービス提供票に沿って実施したサービスの実績を入力します。介護給付では、加算の種類が複雑で、1回ごとに適用される場合や月の限度基準額が決められている場合もあります。一つひとつ条件を確認しながら入力します。誤りがあると介護給付費請求の際に「返戻」となってしまいます。

④ 1か月分の入力が終了したらケアマネジャーに［利用実績］を送付する

　1か月分のサービス提供票への実績入力を終えたら、各利用者の担当ケアマネジャーに実績報告を行います。遅くても翌月の1～2日までには居宅ケアマネジャーへサービス提供票の「実績」欄へ「1」と入力したものを送付しましょう。

　国保連へ介護給付費の請求を行う前に居宅ケアマネジャーとの間で、利用者の実績について照合ができれば、「突合不一致」などでの「返戻」を避けられます。

⑤ 国保連へ介護給付費の請求のため［伝送］する

　日々の実績入力を怠ることなく実施していれば、国保連への請求はあまり手間を要することはありません。現在では、介護請求システムなど、パソコンのソフトを使った「伝送」が一般的です。

⑥ ［返戻］［過誤］がある場合にはケアマネジャーと書類の照合を行う

　「返戻」「過誤」による請求の取り下げが生じると、少し業務が大変になります。生活相談員は、介護給付費請求書の内容を再確認し、要介護状態区分やサービス内容、サービス回数、加算内容など、利用者基本情報からサービス提供内容まで、誤りの箇所を探さなくてはなりません。また、居宅介護支援事業所の給付管理票に誤りがあることも考えられます。改めて居宅ケアマネジャーへ連絡し、内容を照合します。どうしても「誤り」が不明な場合は、直接、国保連に問い合わせることもできます。

⑦ 国保連へ再度請求を行う

　「返戻」などがあった場合は、国保連に再度、請求します。再請求については、翌月の確定となりますので、どの利用者が再請求となっているのか把握しておきましょう。

⑧ 利用料請求書を作成し、利用者に発送（または手渡し）する

　利用者の自己負担分の「利用料請求書」を作成し、利用者宛に郵送または利用日に直接、渡します。利用料の明細について説明が必要な場合には、利用者の立場に立ち、わかりやすく説明します。介護報酬改定等に伴い、「前月よりも利用料金が値上がりした」など、利用者とトラブルになるケースもあります。制度改正

による値上がりは、利用者にとっては納得し難いこともあるようです。誠意をもって、わかりやすく説明することが重要です。

⑨ 当月の利用実績の集計を行い、データベースに保存する

　生活相談員には、社会福祉施設の運営管理機能（ソーシャルアドミニストレーション）が期待されています。特養の空床管理やデイサービスの稼働率管理など、運営の状況をデータで把握することはとても大切です。常にデータを確認し、運営指針を検討しておきましょう。

【3】生活相談員の役割と勘所

　デイサービスの生活相談員は、「サービス提供票」の実績報告と介護報酬請求業務を通じて、利用者一人ひとりについて、1か月という期間のなかでのサービス利用の全体像を把握する役割を担っています。週に何回デイサービスを利用し、いつショートステイを利用しているのか、デイサービスを利用しない日は、訪問介護を利用しているのかなど、利用者がさまざまな支援を活用しながら地域（在宅）で暮らしているということを、ケアカンファレンスなどを通じて職員に伝えることも大切です。

　また、これらの業務は居宅ケアマネジャーとの信頼関係を築くきっかけにもなります。サービス提供票の実績報告に合わせて、利用中の様子など近況の連絡も行いましょう。

　生活相談員は、一つひとつの業務を工夫することで、さまざまな関係者との関係づくりに活かすことができます。

関連知識　＊第2章事例5「多職種連携・調整機能」
　　　　　＊第2章事例7「サービスの質のチェック機能」

第3章　生活相談員の業務実施マニュアル――業務の流れと留意点

2 事業所における業務

　事業所における業務は、利用者の生活の質の向上に向けたかかわりが中心になります。生活相談員は、ケアチームの専門職の一人として対人援助業務を担っていますが、同時に事業所全体を統括するなかで、利用者のよりよい生活を支える役割も果たします。

　「事業所における業務」は、特養やデイサービスの利用者のサービス提供に係る業務や多職種との連携・調整などに係る業務など、事業所内で展開される対人援助に関係する業務のことです。第1章の「図1-3　ジェネラリストとしての生活相談員の立ち位置」（P23参照）のミクロ視点にあるように、生活相談員は、事業所の専門職や利用者・家族に積極的にかかわり、相談援助業務を行います。また状況に応じて、事業所全体を統括的に把握するミドルマネジャーの立場に立つこともあります。

① 苦情解決 特養 デイ

　介護保険法に基づく「指定介護老人福祉施設の人員、設備及び運営に関する基準」および「指定居宅サービス等の事業の人員、設備及び運営に関する基準」では、特養・デイサービスなどの介護事業所に苦情を受け付けるための窓口を設置すること、また苦情解決に向けて、苦情受付担当者を設置することが義務づけられています。

　苦情は事業所にとっては、望まれるものではありませんが、利用者・家族にとっては、自分の意向を主張するという大切な権利です。生活相談員は、利用者に不利益が生じないようていねいな対応を心がけ、苦情発生時は、利用者・家族の苦情内容を真摯に受け止め、苦情に発展するような事態となったことに対して謝罪します。そのうえで職員や関係者を交え、できるだけ速やかな解決に向けた対応を行います。

　苦情の件数は、利用者・家族のニーズの多様化、利用者層（家族も含む）の変化に伴い、増加の傾向にあります。その約半数が「利用者本人」からの苦情です。生活相談員は、日常生活を通して利用者の意向を聴取し、苦情を受け付けた際には、速やかに対応することが大切です。

【1】介護事業所で発生する苦情の概要

　介護保険制度の導入以降、介護事業所に対する苦情件数は増加しています。背景としては、利用者・家族の生活ニーズが多様化したことや利用者層の変化が考えられます。戦後間もない時代を生きてきた高齢者と、現役世代とでは、生活スタイルも価値観も異なるはずです。さらに福祉サービスが措置から契約に転換したことで、利用者の権利意識も変化しています。

図3-12 ● サービス提供、保険給付に関するサービス種類別の苦情件数

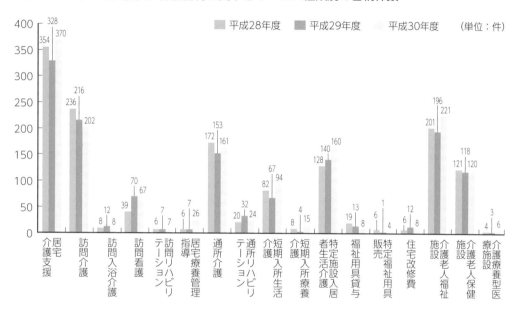

出典：東京都国民健康保険団体連合会「令和元年版　東京都における介護サービス苦情相談白書」p26、2019

　図3-12を見ると、東京都における「サービス提供、保険給付に関するサービス種類別の苦情件数」が最も多いのは、居宅介護支援事業所で、その他、訪問介護と通所介護（デイサービス）、介護老人福祉施設（特養）などが多くなっています。特養やデイサービスは利用者数が多いことも理由の一つと考えられます。生活相談員は苦情の窓口として（専属の担当者として）対応することが多いため、日頃からサービスの質が低下していないか注意深く観察します。また、小さな苦情を拾い上げるために、他職種を交えた申し送りなどで、利用者・家族からの気になる言動がないか報告を求め、こまめに情報収集を行います。苦情は、できるだけ芽が小さいうちに対応することが重要です。

図3-13 ● 苦情内容別の割合

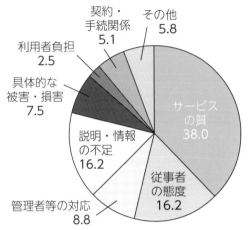

平成30年度
（1,738件）

契約・
手続関係
5.1

その他
5.8

利用者負担
2.5

具体的な
被害・損害
7.5

サービス
の質
38.0

説明・情報
の不足
16.2

従事者
の態度
16.2

管理者等の対応
8.8

（単位：％）

出典：東京都国民健康保険団体連合会「令和元年版　東京都における介護サービス苦情相談白書」p29、2019

　同様に、「苦情内容別の割合」では、「サービスの質」「従事者の態度」「管理者等の対応」が全体の約3分の2を占めており、利用者は、職員の対応に対して不満感情を抱きやすいことがわかります。

　介護事業所において共通の課題となっている「苦情」に対しては、利用者・家族からの意見の一つとして、できるだけ前向きにとらえることが大切です。最も悲しいのは、何も言わずに退所（利用中止）され、悪評が広がることです。苦情に対して、起きてしまった「できごと」にうろたえるのではなく、なぜ、どのような事に対して苦情となったのか「理由や内容」に注目して、苦情当事者と事業所の両者で苦情内容を共有し、解決していきます。

　苦情への対応を行うなかで、重要なポイントとなるのは説明と謝罪です。相手に嫌な思いをさせてしまった（誤解であっても）ことに対して、まず謝罪する必要があります。また、職員間で事実確認などを行った後に、詳細を説明し、改めて謝罪します。生活相談員は、苦情が大きくならないよう、日頃から利用者の小さな不満にも耳を傾けることが大切です。

　同じ生活環境であっても、苦情を訴える人とそうではない人がいます。利用者・家族のとらえ方の違いによって、苦情の大きさも変わります。利用者一人ひとりに合わせたかかわりにより、個性をとらえた支援方法や説明責任の在り方を工夫していくことが生活相談員の役割です。

表3-4 ● 苦情のとらえ方、活かし方

● 支援の在り方を見つめ直すチャンス
　＊利用者・家族との意思疎通が、さまざまな方法を使ってできているか
　＊利用者・家族との信頼関係はできているか（小さな不満のサインを見逃さない）
　＊説明責任を果たせているか（利用者・家族の立場から、何を知りたいのか把握できているか）
● 日常業務の「慣れ」「当たり前」の感覚を疑うきっかけ

【2】利用者・家族とのトラブル解決に向けて

　利用者と事業所との間にトラブルが生じる原因がいくつか挙げられます。自らの態度を振り返り、日頃から意識してかかわることが大切です。

表3-5 ● トラブルが生じる職員の対応の例

① 嫌なら他の事業所を利用すればよいという上から目線の対応
② 過失を認めない保身的対応
③ 断ることができず、過剰対応を受け入れてしまう対応
④ 囲い込んだら離さないような対応

　また、利用者や家族からの苦情に対応する際の留意点は、以下の通りです。

① 苦情受付・解決記録を残す

　苦情は、「これは苦情です」と構えて伝えられるものばかりではなく、利用者が介護職員などに話すこともあります。しかし、対応した職員が「苦情」と認識しなければ、苦情として取り上げられません。申し送りの際に、「苦情受付・解決ノート」などに些細な事でも、気になったら記載し、組織的に解決する内容なのか、対応した職員からの回答でよいのか判断します。その際に、いつ、誰が対応したのか、必ず経過を記録に残しておきます。

② コンフリクトをふまえて対応する

　苦情とは、コンフリクト（不満・怒りの感情など）により発生するといわれています。相手が何に対して怒りを感じたのか、根源的な要因をしっかりと把握して

対応しましょう。理由も聞かずに、ただ謝ればよいということではありません。相手は不満や怒りの感情をぶつける場所がほしいということもあります。しっかりと耳を傾けることが大切です。

③ 利用者・家族が理解しやすいように説明する

利用者・家族は介護の専門家ではありません。したがって状況を説明する際には、具体的で理解しやすい表現を心がけましょう。また、事業所の都合で話を一方的に進めないようにしましょう。ただし、介護事業所として、「できること」と「できないこと」ははっきりと伝える必要もあります。生活相談員は、厳しい立場での対応を迫られることもありますが、その先に利用者との信頼関係があることを忘れないようにしましょう。

④ 調整（コーディネート）力を活かした対応をする

生活相談員は、さまざまな関係者とのネットワークを築き、それを活用して対応する専門職です。苦情の内容によっては、事業所の内部ですべて解決しようとせず、顧問弁護士や司法書士、専門研究者など、有識者へ相談しながら適切な対応を行うことも必要です。

⑤ 苦情の受け付けは特にていねいに対応する

苦情は、初期の対応が重要です。つまり苦情を受け付けた職員がその場で、どのような対応をとるかが大切です。利用者は、「この職員は、新人だからしょうがないな」とは思いません。話した相手は誰であってもその事業所からの返答として受け取ります。いつ、どこで誰に苦情が申し立てられたとしても、真摯な態度で対応できるように徹底しておきましょう。

⑥ 直面しているトラブルの解決を最優先に考える

利用者や家族が生活のなかで、何か問題に直面し、不満や怒りの感情が発生したとき、苦情につながります。「今後、気をつけます」と言う前に、今、利用者が直面している困りごとや不満の原因に対して応急的に対処し、そのうえで職員間で検討したことや改善策を伝えます。

【3】 生活相談員の役割と勘所

　苦情が発生したとき、生活相談員は真摯にかつ迅速に苦情内容を聞き取り、初期対応を行う必要があります。一方で、苦情が発生しないように、日頃から職員の接遇やサービスの質の向上をめざすことも必要です。また、発生してしまった苦情については、対応不足による新たな苦情を引き起こさないためにも、生活相談員が中心になり、他職種をまとめながら、苦情対応の窓口としてかかわります。

＊第1章2　生活相談員の役割「傾聴」
＊第2章事例2「擁護的支援」「代弁機能」
＊第2章事例4「支持的支援関係」
＊第2章事例6「アカウンタビリティ」

緊急時の対応 特養 デイ

特養やデイサービスの入所者・利用者は、さまざまな疾病が重複している人が多いでしょう。加齢とともに身体機能が変化し、食事、入浴、排泄など生活行為全般において注意が必要な状態になったり、体調の急変の可能性があったりする人がほとんどです。緊急時は、誰もが迅速に救急対応を行う必要があります。対応の遅れや連絡ミス、対応不足や対応忘れなどがないように、事業所としての役割分担を徹底しておくことが大切です。

【1】急変時の対応

急変時の対応について、事業所内での対応と医療機関への搬送の手順を確認しておきます。

図3-14 ● 事業所内での対応の流れ

① 利用者急変の発見（体調異変、状況の確認）
↓
② 利用者の状態観察・バイタルサイン測定（血圧・体温・脈拍・呼吸・呼名反応）
↓
③ 看護師の指示を仰ぎ、状態観察・応急処置の継続、または救急搬送の判断
↓
④ 医療機関の受診が必要となった場合は、至急家族へ連絡

図3-15 ● 医療機関への搬送

① 救急車の手配
↓
② 付き添いの手配
　家族または看護師、介護職員など、利用者の状況を理解している人が同乗する。
↓
③ 搬送先の医療機関の連絡
　家族の到着が間に合わないときは、搬送先を連絡する。

表3-6 ● 緊急搬送の際に確認しておくべき情報

① 利用者氏名
② 自宅住所（居住者の続柄）、電話番号（固定電話・携帯電話・職場連絡先など）
③ 主治医
④ 担当ケアマネジャー（デイサービスの場合）
⑤ 疾病関係のケース資料（現病症・既往症・服薬など）

表3-7 ● 緊急搬送時の持ち物

① 着替え
② 医療保険証などの写し
③ これまでのカルテや医師のサマリーなど
④ ケース記録
⑤ フェイスシート（要介護度、障害高齢者の日常生活自立度、認知症高齢者の日常生活自立度などの記載を確認）
⑥ 現金（仮払金）

【2】 生活相談員の役割と勘所

　生活相談員は、看護師・介護職員などの現場の救急対応の状況を注視し、職員が迅速に対応できるようにサポートします。特に利用者の家族にどのタイミングで連絡するのか、状況を冷静に見守ることが大切です。

　緊急時は、看護師などの医療職に指示を任せますが、生活相談員は全体の状況を把握し、誰がどこに連絡し、誰が利用者の対応に当たるか、緊急搬送に備えて、記録物や持ち物の準備はできているかなどを確認します。

　生活相談員には、さまざまな状況を総合的に理解し、冷静に指示を出す事業所の運営管理機能が求められます。日頃から、業務マニュアルに基づいて、さまざまな事態を想定したシミュレーションを行っておきましょう。

関連知識
＊第2章事例4 「多職種連携・調整機能」
＊第2章事例9 「危機管理機能」「報告・連絡・相談」

第3章
生活相談員の業務実施マニュアル—業務の流れと留意点

ショートステイ・デイサービスの送迎
特養 デイ

　ショートステイやデイサービスで行う送迎は、利用者にとって安心して外出できる手段として重要です。送迎があることで利用者は、ショートステイやデイサービスを利用してみようという気持ちになることもあります。安心・安全な送迎サービスの在り方について確認しておきましょう。

【1】送迎の手順

図3-16 ● 送迎の手順

① 送迎予定者の確認・体調など配慮事項の確認
↓
② 送迎車両の安全確認・出発
↓
③ 利用者宅の訪問・利用者の状態の把握
④ 家族とのコミュニケーション
↓
⑤ 利用者の乗車介助
↓
⑥ 着座・安全確認
↓
⑦ 事業所への到着
↓
⑧ 利用者の降車介助
↓
⑨ 運行記録簿の記入・荷物などの置き忘れの確認

① 送迎ルートの検討・確認

　送迎は、一回の車両の運行行程で、複数名の利用者宅を回ります。できるだけ効率的に送迎できるように送迎ルートの検討を行います。ただし、利用者の状態により送迎の順番を変更することも必要です。例えば、利用者の車酔いや排せつの状況、ADL、認知症の症状、利用者同士の関係性などを考慮し、検討します。

　送迎ルートが決まったら「送迎表」を作成し、行程や到着予定時刻を利用者・家族に伝え、確認します。サービスを急にキャンセルする利用者がいる場合は、その分早めに到着しますので、改めて電話連絡します。

② 送迎車両の安全確認・出発

　朝の申し送り等で、当日の利用者の確認が終わったら、送迎車両の安全確認を行います。送迎車両には、多くの利用者が乗車します。常に安全に配慮し、記録等にも残しておきましょう。

　運行記録としては、運転日、運転者、走行キロ（出発時キロ・到着時キロ）、出発時刻、到着時刻、安全点検内容（ブレーキ・ウインカー・タイヤ空気圧・ガソリン残量）などを指差し呼称し、記録します。出発する際には、運転免許証、携帯電話、利用者宅の連絡先一覧などを確認します。

③ 利用者の乗降介助

　利用者の乗降時は、転倒・転落などに注意します。特に雨天や積雪など滑りやすい状況では、利用者の介助に両手を使えるようにレイン用スーツを着用するとよいでしょう。利用者宅では、家族とコミュニケーションを図る機会にもなります。迎えの際には前日までの様子や体調、本人の意向などを聞き、送りの際にはショートステイやデイサービスで過ごした様子（食事・入浴・排泄・その他の時間の過ごし方）や体調等について伝えます。

【2】 送迎の準備と留意事項

　ショートステイやデイサービスの生活相談員は、新規利用者の調整を行います。居宅ケアマネジャーから新規利用についての打診が来た際は、まず、送迎が可能かどうかを確認する必要があります。送迎できるかどうかは、受け入れの判断材料の一つになるため、日頃から利用状況や送迎コースについて把握しておきましょう。

　利用者のアセスメントについては、居宅ケアマネジャーからの情報も参考にしながら、必要な点を確認します。特にデイサービスへ受入れを行う際には、送迎に関する事項については、改めて生活相談員がアセスメントを行います。

① 事前にアセスメントすべき事項

　アセスメント事項は表3-8のとおりです。

第3章　生活相談員の業務実施マニュアル—業務の流れと留意点

表3-8 ● アセスメント事項

① 乗降動作	普段は段差を乗り越えらえる利用者であっても乗降時の動作がスムーズにできるとは限らない。特に、開き戸の車両は乗降時に複合的な動作を必要とするため、尻もちをつく、頭をぶつける、転倒するなどの危険性が高くなる。
② 車酔いの有無	車酔いが心配で乗車を懸念する利用者もいる。座席の位置によっては車酔いにならないという人もいるため、詳細に確認する。
③ 同乗者との関係性	利用者同士の相性が原因でデイサービスが嫌になってしまう人もいるため、利用者の意向を聞き取りながらできる範囲で配慮する。
④ 認知症の有無	職員が2名体制であれば1名は利用者にすぐ対応できる位置にいる。1名体制であれば、安全運行上必要に応じて「チャイルドロック」の使用を検討する。
⑤ 送迎コースと所要時間	利用者の状況に応じて送迎コースを検討する。車酔いや頻尿の傾向がある人は最後に迎えに行くなど、乗車時間を短くする。
⑥ 送り出しの家族または訪問介護員との連絡	家族と同居していても、訪問時に家族が家にいるとは限らない。訪問介護員による送り出しの場合には、事前に訪問介護事業者へ連絡し、情報交換を行い、スムーズに連携できるよう調整する。

② 不在時の対応（応答がない場合）

　利用者宅を訪問し、インターフォンを鳴らしても応答がない場合は、電話で連絡してみます。それでも応答がない場合は、可能であれば窓から部屋の中を確認し、声をかけます。ひとり暮らしの利用者の場合、体調を崩して応じられないことも考えられます。送迎中では、長時間とどまることは難しいかもしれませんが、事業所職員・担当ケアマネジャーや関係者等に連絡し、連携をとりながら対応方法を検討しましょう。

③ 事業所へ到着後の対応

　ショートステイやデイサービスに到着したら、利用者の降車の介助を行います。到着時は一斉に降りようとすることがあり、大変危険です。順番に安全に降車するように声をかけましょう。利用者の持ち物が車内に残っていないことを確認し、運行記録に記入します。

【3】 生活相談員の役割と勘所

　送迎サービスそのものが生活相談員の役割というわけではありませんが、生活相談員が送迎を行っている事業所が多数あります。生活相談員の業務は、その一つひとつについて、生活相談員の業務か否かを議論するのではなく、その業務のなかに、ソーシャルワークに結びつく（活かすことができる）要素があるか否かで検討すべきものと思います。そう考えると送迎そのものは、生活相談員の役割ではないかもしれませんが、送迎中に利用者の情報を直接、得られるという利点があります。生活相談員自身が、送迎中の業務内容にソーシャルワークに結びつく、意味ある取り組みができるよう考えていきましょう。

関連知識　＊第2章事例6「情報収集・情報提供機能」
　　　　　＊第2章事例9「危機管理機能」

④ 職員の研修計画の作成 [特養] [デイ]

職員の研修計画の作成は、職員個人の人材育成という点だけではなく、職員の福利厚生、職員の定着化、定着した職員がその後の管理職として事業所の中核的役割を担うなど、事業所の継続・展開にもつながる重要な取り組みです。生活相談員には、事業所の中・長期的なビジョンを現場職員に伝え、共に新しい事業所運営を実践できるよう、経営者と介護現場のつなぎ役としての役割があります。

【1】 研修の種類・内容

研修にはいくつかの分類があります。例えば、①専門職ごとの業務内容に応じた研修、②職員のキャリアや経験年数に応じた新任者向け・中堅職員向け・管理職向け研修など、③法人や事業所全体として徹底しておくべき経営方針・運営方針・介護方針等に係る研修、④スキルアップやキャリアアップのための研修などに分けることができます。

表3-9 ● 専門職ごとの内容に応じた研修（例）

① 個人情報保護に関する研修
② 高齢者虐待防止・身体拘束の排除の取り組みに関する研修
③ 職業倫理や法令遵守についての研修
④ アクシデント・インシデント防止・再発防止の研修
⑤ 防災・非常時・災害時の避難レスキューに関する研修
⑥ 感染症予防・食中毒予防に関する研修
⑦ 認知症ケア・成年後見制度などに関する研修
⑧ 看取り介護、終末期ケアに関する研修
⑨ 医療的ケアに関する研修
⑩ 個別機能訓練・口腔ケア・その他の研修

表3-10 ● 職員のキャリアや職種の経験年数に応じた研修（例）

① 新任者向け研修（1年目）
② 新任サポート職向け研修（2〜4年目）
③ フロアリーダー職向け研修（5〜9年目）
④ リーダー職向け研修（10年以上）

表3-11 ● 経営方針・運営方針・介護方針等に係る研修（例）

① 法人全体の「経営方針」の周知を図るための研修
② 法人全体の「運営方針」の周知を図るための研修
③ 事業所ごとの「介護方針」の周知を図るための研修

表3-12 ● スキルアップやキャリアアップのための研修・制度（例）

① 介護職員初任者研修
② 介護福祉士実務者研修
③ 認定介護福祉士制度
④ 認定社会福祉士制度
⑤ 介護支援専門員専門研修・主任介護支援専門員研修
⑥ 認知症介護実践者研修
⑦ 認知症介護実践リーダー研修
⑧ その他

【2】 キャリアパスについて

　介護職員の処遇改善への取り組みとして「介護職員処遇改善加算」の制度が導入されています。介護職員の研修計画については、「キャリアパス」といわれる職位や職責などに応じた段階的・計画的な仕組みによって体系的な研修計画を立てることが義務づけられています。厚生労働省はキャリアパスの要件を三つ挙げています（表3-13）。

第3章　生活相談員の業務実施マニュアル─業務の流れと留意点

表3-13 ● キャリアパス要件の概要

Ⅰ：職位・職責・職務内容に応じた任用要件と賃金体系の整備をすること	職場から求められる専門性や役割・能力、職務内容に応じ、採用や昇任などを行うこと、また一人ひとりの賃金を定めるなど規定が整備され、それを周知徹底させていること。
Ⅱ：資質向上のための計画を策定して、研修の実施または研修の機会を設けること	スタッフのスキルを向上させるために、計画的に研修を実施し、研修を受講する機会を適宜設けていること、またそれを周知徹底させていること。
Ⅲ：経験若しくは資格等に応じて昇給する仕組み又は一定の基準に基づき定期に昇給を判定する仕組みを設けること	経験年数や所有資格などに応じて昇給する、また一定の基準によって定期的に昇給を行う仕組みを設けていること、またそれを周知させていること。

出典：厚生労働省資料

　キャリアパス要件の他にも、「賃金改善以外の処遇改善（職場環境の改善など）の取組を実施すること」とし、介護職員処遇改善加算を取得するにあたっては、賃金改善等の処遇改善の内容等について、雇用するすべての介護職員へ周知することなどを要件として挙げています。

【3】 生活相談員の役割と勘所

　生活相談員は事業所の要として、他職種がスムーズに、また期待された機能を最大限に発揮できるように、事業所全体の調整・管理を行うことが求められています。しかし、そのような業務を担おうとしても、実際に看護職や介護職とともに現場で業務を担っているわけではないので、職員一人ひとりにどのようなスキルがあり、どこに課題があるのかなど、人材（人財）としての職員像を詳細に把握することは困難です。

　研修計画は、それぞれの部署長が中心となり、職員の希望を聞きながら、また、必要に応じて意図的にスキルアップに向けた研修を組み込みながら立てていきます。生活相談員は、その研修計画を把握し、適宜、施設長など管理者へ稟議として挙げていくというかかわり方になることが多いでしょう。介護事業所によってかかわり方、かかわる専門職が異なると思いますが、全体を把握し、調整する役割として生活相談員が適任者であるといえます。

関連知識　*第2章事例8「事業所の運営管理機能」

記録物の点検・整理 特養 デイ

　特養やデイサービスなどの介護事業所は、毎日、利用者にサービスを提供します。生活相談員には、利用者や家族に対して、介護が適切かつ安全に実施されていることを説明すること、サービス提供の透明性を確保し、それを外部に向けて発信することなどにより事業所の信用を得るという役割があります。

　その際に必要不可欠となるのが根拠書類、つまり記録物です。記録物は、訪問指導（監査など）でも必要ですが、それ以前に専門職として日々の業務を進めていくための情報共有に欠かすことのできないツールでもあります。

【1】生活相談員が点検しておきたい記録物

　記録物は、さまざまな理由で記録・保管しておく必要があります。「指定介護老人福祉施設の人員、施設及び運営に関する基準」（第37条）には、「記録の整備」として保管の義務が規定されています。これは特養についての規定ですが、デイサービスについても同様の規定があります。

　生活相談員は、保管義務がある記録物（表3-14）について、介護職のリーダー等を介して、日々、記録することの重要性、記録を活用した支援の展開などについて理解を求めるとともに、コンプライアンス（法令遵守）に基づく記録の整備・保管の徹底を図っていくことが重要です。行政の訪問指導（監査など）では、生活相談員が対応することが多く、記録物についての改善点・修正点の伝達や職員への記録に関する研修の実施等も必要です。

表3-14 ● 「指定介護老人福祉施設の人員、施設及び運営に関する基準」（第37条）

（記録の整備）

第三十七条　指定介護老人福祉施設は、従業者、設備及び会計に関する諸記録を整備しておかなければならない。

　2　指定介護老人福祉施設は、入所者に対する指定介護福祉施設サービスの提供に関する次の各号に掲げる記録を整備し、その完結の日から二年間保存しなければならない。

一　施設サービス計画

二　第八条第二項に規定する提供した具体的なサービスの内容等の記録

三　第十一条第五項に規定する身体的拘束等の態様及び時間、その際の入所者の心身の状況並びに緊急やむを得ない理由の記録

四　第二十条に規定する市町村への通知に係る記録

五　第三十三条第二項に規定する苦情の内容等の記録

六　第三十五条第三項に規定する事故の状況及び事故に際して採った処置についての記録

① 施設サービス計画等の整備

「施設サービス計画」や「居宅サービス計画（ケアプラン）」、デイサービスでは「通所介護計画」を整備・確認する必要があります。

② 第八条第二項に規定する提供した具体的なサービスの内容等の記録

ケース記録や経過記録と呼ばれる「介護記録」です。ケアプランをふまえ、どのようなサービスを提供したのかを詳細に記録する必要があります。

③ 第十一条第五項に規定する身体的拘束等の態様及び時間、その際の入所者の心身の状況並びに緊急やむを得ない理由の記録

2018（平成30）年の改定で、施設サービス以外の事業所にも「身体拘束廃止未実施減算」が新設され、「緊急やむを得ない理由での身体拘束の実施」については、さらに取り扱いが厳格化されました。対象は、特養・介護老人保健施設のほか、特定施設入居者生活介護、地域密着型特定施設入居者生活介護、認知症対応型共同生活介護（グループホーム）にも拡大されました。

表3-15 ● **身体拘束を実施する条件**

① 身体的拘束等を行う場合には、その態様及び時間、その際の入所者の心身の状況並びに緊急やむを得ない理由を記録すること
② 身体的拘束等の適正化のための対策（ケアカンファレンス等）を検討する委員会を3か月に1回以上開催するとともに、その結果について、介護職員その他従業者に周知徹底を図ること
③ 身体的拘束等の適正化のための指針を整備すること
④ 介護職員その他の従業者に対し、身体的拘束等の適正化のための研修を定期的に実施すること
※上記の運営基準を満たしていない場合は、減算対象となる。

図3-17 ● **身体拘束に関する説明書・経過観察記録用紙の例**

【記録1】

緊急やむを得ない身体拘束に関する説明書

〇〇〇〇　様

1　あなたの状態が下記のABCをすべて満たしているため、緊急やむを得ず、下記の方法と時間等において最小限度の拘束を行います。
2　ただし、解除することを目標に鋭意検討を行うことを約束いたします。

記

A　入所者（利用者）本人又は他の入所者（利用者）等の生命又は身体が危険にさらされる可能性が著しく高い
B　身体拘束その他の行動制限を行う以外に代替する看護・介護方法がない
C　身体拘束その他の行動制限が一時的である

個別の状況による拘束の必要な理由	
身体拘束の方法（場所、行為（部位・内容））	
拘束の時間帯及び時間	
特記すべき心身の状況	
拘束開始及び解除の予定	月　　　日　　　時から 月　　　日　　　時まで

上記のとおり実施いたします。
　　平成　　年　　月　　日

施設名　代表者　　　　　　印
　　　　記録者　　　　　　印

（利用者・家族の記入欄）

上記の件について説明を受け、確認いたしました。
　　平成　　年　　月　　日

氏名　　　　　　　　印
（本人との続柄　　　　　　）

出典：厚生労働省「身体拘束ゼロへの手引き」2001

④ 第三十三条第二項に規定する苦情の内容等の記録

特養やデイサービスは、苦情を受け付けた場合には、その苦情の内容等を記録しなければならないことになっています。様式は、特に指定されてはいませんが、表3-16の項目を記録しておくとよいでしょう。苦情受付簿は、上司に提出して終えるものではありません。どのような状況で苦情に至ったのか、また当事者は納得しているのかなどを記録し、再発防止に活用します。

表3-16 ● 苦情の記録の項目

- 受付月日　● 受付者　　● 苦情当事者氏名（続柄・または所属）
- 連絡先　　● 苦情内容　● 検討内容　　● 改善の取組み内容
- その後の当事者の見解　など

⑤ 第三十五条第三項に規定する事故の状況及び事故に際して採った処置についての記録

特養やデイサービスでは、事故が発生した場合の対応やその報告の方法等が記載された事故発生の防止のための指針（マニュアル）を整備することが義務づけられています。

ここでいう「事故」とは、いわゆる介護事故のことです。

利用者へのサービスの提供により事故が発生した場合には、速やかに市町村、利用者の家族等に連絡を行うとともに、救急対応、医療機関等への救急搬送など人命優先の処置を講じる必要があります。そのうえで、事故の状況および事故に際して行った処置について事故報告書など記録として残す必要があります。事故報告書は、各市町村に指定様式があるところが多いです。

事故報告書は、「犯人捜し」をするためのものではありません。その事故をいつ、誰が発見し、どのような状況だったのかを端的に記録します。事故報告書は、市町村に速やかに提出・報告することが義務づけられています。

【2】 生活相談員の役割と勘所

　生活相談員は、事業所の運営において、特に介護現場の状況を総括的に把握することが重要です。介護現場の状況を総括的に把握することで、他職種の業務の流れをふまえたかかわりや、他職種間の調整が可能になり、バランスを図りながら、業務を進めていくことができます。そのような「ミドルマネジャー」として行う役割の一つが、各部署の記録物の作成と保管・管理の徹底です。各部署長やリーダー職を中心に進めてもらい、総括的に点検・整備状況について把握しておきます。場合によって、記録様式の変更や書き方の修正・スキルアップなどを図るための準備を行います。

関連知識　＊第2章事例4「多職種連携・調整機能」
　　　　　＊第2章事例8「事業所の運営管理機能」

第3章　生活相談員の業務実施マニュアル─業務の流れと留意点

リスクマネジメント 特養 デイ

　リスクマネジメントについては、第2章でもふれましたが（P100参照）、リスクマネジメントの対象には、「アクシデント」と「インシデント」があります。「アクシデント」は、実際に発生した事故、「インシデント」は、事故には至らなかったが事故を誘発する危険な出来ごととされています。介護事業所では多数の職員がいて、複数の利用者に対応しているため、ヒューマンエラーが生じる可能性があります。

　起きてしまった事故については、利用者にそれ以上の不利益を与えることなく、利用者本位の対応ができるように、生活相談員も含めた組織的な対応が求められます。

【1】事故対応例などから見るリスクマネジメントの在り方

① 転倒・転落事故

　介護事業所での事故として多いのは、「転倒・転落」です。入所者・利用者は心身機能が低下している人も多く、転倒のリスクが高まっています。日常生活において、健康な人では気がつかないような転倒・転落の危険性をはらんだ生活場面が多数あります。

　ベッドからの転落事故については、一般的な回避策ではなく、もともと要介護状態の利用者であるということを考慮して見守りや介護を行うことが必要です。例えば、転倒の危険性がないとされる利用者であっても、居室や浴室の床を滑りにくい素材のものに変更することや福祉用具・機器等を用いた回避策を事前に講じておくことが必要です。

　介護事業所でのリスクマネジメントとは、「一般的な予見」よりも高度な次元でのリスクの予見、つまり「介護事故は発生するもの」として認識したうえで、考えられる対応策を事前に実施することが管理責任として求められます。

② 誤嚥

　誤嚥による介護事故は、事故の性質上、アセスメントによって嚥下機能の低下などリスクの高い利用者が特定できている場合と、嚥下機能などからは事前に予

見できない突発的な発生とが考えられます。

　食事は、利用者ができるだけ満足できるよう美味しく、かつ安心・安全に配慮することが求められます。利用者の障害や機能、症状に応じた食態カルテなどにより、食態や介助方法も個別に対応することで、ある程度のリスクを回避することは可能です。それでも、限られた職員体制のなか、目の届かない隙間の時間に事故が発生し、対処の遅れにつながる可能性はあります。

　誤嚥による介護事故を防ぐには、利用者の状態像を把握し、ケアチームとしてカンファレンスで対応策を講じていくことが重要です。また、サービス提供の当初だけではなく、定期的に利用者の食事形態、嚥下機能、口腔ケアなどについて検討します。さらに、誤嚥発生時の初動がその後の明暗を分けるということもあり、職員のスキルアップ研修の重要性も挙げられます。「誤嚥」→「窒息」→「死亡」と短時間で展開する可能性があるため、その場の瞬間的な判断力・対応力が求められます。生活相談員のみならず、現場で対応する全職員が「わが事」として準備しておくことが重要です。

【2】 介護事故の防止・再発防止の取り組み

　介護事業所における「事故」とは、サービス提供中に何らかの人為的ミスによって引き起こされた利用者の不利益や負傷、また生命にかかわる重大な損害を与えた状態をいいます。例えば、転倒・転落・打撲・窒息・誤薬・離所[8]・誤嚥・異食などが該当します。人為的ミスは、職員一人ひとりの力量不足によるところと、事業所でのサービス提供そのものの仕組みや業務手順等に問題がある場合の二通りが考えられます。

　介護事故の防止・再発防止の取り組みとしては、厚生労働省から示されている「特別養護老人ホームにおける介護事故予防ガイドライン」のなかで詳細な手順が示されています。

第3章
生活相談員の業務実施マニュアル—業務の流れと留意点

※8　認知症の人が一人で事業所を離れてしまうこと

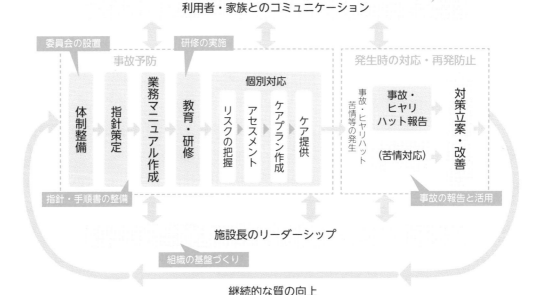

図3-18 ● 介護事故予防の取り組みを通したケアの質向上のプロセス

出典：厚生労働省「特別養護老人ホームにおける介護事故予防ガイドライン」p4、2013

　リスクマネジメントを進めるためには、組織全体および職員一人ひとりの取り組みを意識したうえで、リスクマネジメントの意義と目的を明確にする必要があります。職員のなかには、リスクマネジメントとは、事業所にとってのリスク（＝損害）と誤解している人も少なくありません。前述したように、リスクマネジメントとは、偶発的あるいは人為的に発生してしまう介護事故を未然に防止し、また発生してしまった介護事故の被害をできる限り最小に食い止めるための予防策を指します。つまり事業所にとっての策ではなく、利用者にとっての策ということです。利用者の安全・安心が確保されるならば、それは事業所にとっても望ましい結果です。そして「介護事故予防」に対して職員一人ひとりが自分の考えを明確にもつということも大切です。具体的な取り組みとしては、表3-17の通りです。

表3-17 ● リスクマネジメントの取り組み（例）

① 体制の整備	リスクマネジメント（介護事故予防）委員会などの組織を整え、安全管理、事故報告やヒヤリ・ハット報告の分析と再発予防のための啓発活動を行う　など
② 指針の策定	事業所としての介護事故予防に対する指針を検討・策定する　など
③ 業務マニュアルの作成	業務手順をサービスの質の標準化等の観点から再検討する（介護事故を誘発しそうな業務手順の見直し、ヒヤリ・ハット報告書を参考に手順の見直しを行う）　など
④ 教育・研修の実施	定期的に事業所内・外の研修を受講することで、意識改善・スキルアップを図る、職員間でのグループワークを通じた意見共有の大切さを理解する　など
⑤ 個別対応	ケアマネジメントのプロセスであるPDCAサイクル[*9]をていねいに行う（ケアマネジメントの効果がサービス内容にも現れ、利用者のニーズに即した適切なかかわりとなり、それが結果としてケアの質の向上にもつながり、職員のリスクマネジメントへの意識づけとなる）　など
⑥ 事故発生時の対応の徹底	報告・連絡・相談等の情報共有体制、事故報告書やヒヤリ・ハット報告書の活用を徹底する　など
⑦ 利用者・家族とのコミュニケーションを重視	事業所への協力体制づくりには、日頃の利用者・家族とのコミュニケーションが重要であることをふまえ、利用者・家族に、事業所のリスクマネジメントに対する方針を正確に伝え、サービス提供のパートナーとなってもらう　など

【3】 生活相談員の役割と勘所

　介護現場は、常に利用者に直接かかわり、さまざまな生活場面で多様なニーズに対応することが求められています。「ハインリッヒの法則」（P105参照）によると、一つの重大な事故を防ぐためには300のヒヤリ・ハットについて、発生要因を絶つための検討を行う必要があるといわれます。したがって、介護事業所においてすべてのリスクの発生を防ぐことは難しいでしょう。

　リスクマネジメントとは、「リスクアセスメント」ととらえることもできます。つまり、業務プロセスや業務内容を客観視できる立ち位置から取り組む必要がある

＊9　ケアマネジメントのプロセスの略称で、P＝Plan（計画）、D＝Do（実施）、C＝Check（モニタリング・評価）、A=Action（改善）のこと

のです。生活相談員は、介護職とともに働くケアチームの一員ではありますが、現場との距離感を保ち、インシデントを客観的に把握し、予防策の取り組みに向けてイニシアティブをとることができる専門職です。生活相談員には、部署ごとにリーダーが率先してリスクマネジメントに取り組むことができるよう、バックアップする役割があります。

関連知識　＊第2章事例2「擁護的支援機能」「代弁機能」
　　　　　＊第2章事例9「危機管理機能」

⑦ 利用者・家族が意向を伝えやすい環境整備

特養　デイ

　利用者や家族が自身の意向を伝えるということは、実はとても難しいことです。それは、特養に入所したり、デイサービスを利用したりすることで、どうしても職員に対して気を遣わざるを得ない状況になるからです。利用者本位の生活を実現してもらうためには、忌憚のない意見や生活に対する希望をいつでも話すことができる雰囲気を作る必要があります。

【1】 意見を聞くための手順

　利用者や家族から忌憚のない意見や希望を聞くには、不要な気遣いをしなくてもよい環境を多面的に整えることが大切です。

表3-18 ● 意見や希望を伝えやすい環境づくり（例）

① 伝える方法を選択できるようにする	声かけ、投書箱への投函、家族などによる代弁　など
② 伝える相手を選択できるようにする	介護職や相談職などの職員、第三者委員などオンブズマン、ボランティアなどの第三者　など
③ 伝える場所を選択できるようにする	居室、談話室、相談室　など
④ 相談窓口を設置し、担当者を明確化する	生活相談員を窓口とし、ユニットリーダー、介護職員　など
⑤ コミュニケーションを図る機会を作る	日常的な機会に加え、改めて利用者・家族から意見を聞く機会を設ける　など

【2】 生活相談員の役割と勘所

　生活相談員には権利擁護などのソーシャルワーク機能が期待されています。利用者が誰にも気兼ねすることなく、自身の意思を表明できる環境や関係性を作っていくことは、利用者のアドボカシーの一環として非常に重要です。生活相談員には、利用者の立場に立ち、率先して事業所の環境整備を行うことが求められます。

 関連知識
＊第１章２　生活相談員の役割「利用者本位」
＊第２章事例２「権利擁護」
＊第２章事例７「サービスの質のチェック機能」
＊第２章事例８「事業所の運営管理機能」

生活相談員は、事業所内に限らず、「地域」も活動領域としています。地域における業務では、生活相談員の働きかけがより重要になります。地域における業務をスムーズに実施するためには、他職種の協力が欠かせません。生活相談員としての役割をきちんと果たすことができるよう、環境づくり、関係づくりに気を配りながら、地域での業務を進めます。

 ## 1 家族への対応 特養 デイ

利用者に対して、スムーズに支援を展開するには、家族の協力が重要です。介護保険制度では、利用者が主体者であり、サービスも利用者の自己選択・自己決定に基づき提供されます。家族は一義的には当事者ではありませんが、家族も含めた当事者としてサービスを提供することも考えられます。利用者が望む生活を送るうえで家族との関係性はとても重要です。

【1】介護保険制度における家族の立場

支援を展開するうえでは、「利用者と家族との関係性」も重要です。「家族」といっても立場はさまざまなため、まず、「親・配偶者・兄弟・子」など具体的な「続柄」を把握する必要があります。また、家族が同居しているのか、別居なのか、別居の場合は近隣に住んでいるのか、遠方なのか、キーパーソンは誰か、主介護者は誰か、契約時の代理人は誰か、などに加え、利用者に対して支持的なのか、否定的なのかなど、利用者との関係性も、可能な範囲で把握します。

デイサービス事業者からみると、家族は利用者の「介護者」ととらえがちです。確かに家族は、「介護者」として利用者の介護を行うこともありますが、例えば、デイサービスの職員に対しては、「親の世話をしてくれる職員」に対して気兼ねするなど、家族も被介護者（的）感情を抱くことがあります。つまり、「介護者」と「被介護者」の間を行ったり来たりするなど、複雑な心情を抱いているのです。

【2】家族との連携

　生活相談員には、家族との連携の窓口という役割があります。特養やデイサービスでの支援の内容や日々のエピソードは、意外と可視化されておらず、介護現場と家族では、把握している情報に差異が生じていることもあります。実はこのようなことから「苦情」に発展することもあります。

　利用者の支援方針は、施設サービス計画書や通所介護計画書を通じて共有することができますが、家族にとって、日々のかかわりや利用者の様子を聞いたり、日頃の不満や思いを伝えたりする相手として、生活相談員との関係がとても重要になります。家族との連携は生活相談員にとって中核業務の一つと考えられます。

図3-19 ● 家族との連携の進め方

① 伝える情報の収集・整理
↓
② 伝え方の検討
↓
③ 情報の伝達・傾聴
↓
④ 相手への共感的理解
↓
⑤ 情報の整理・記録

【3】説明と同意（合意）

　生活相談員が家族と連携を図っていくためには、利用者に対する支援について、説明すべきタイミングでしっかりと家族に伝え、合意（コンセンサス）を得ることが大切です。特養の生活相談員が家族に説明するタイミングは次の通りです。

表3-19 ● 家族への説明を行うタイミング（特養の例）

① 入所前相談・説明

② 入所時の契約・重要事項説明

③ 施設ケアプランの説明

④ 支援内容の変更・その他

⑤ 生活の様子を伝える近況報告

⑥ 疾病の悪化・急変

⑦ 介護事故の発生・経過・結果

⑧ 苦情に対する経過・検討結果

⑨ 施設退所時の説明

⑩ 施設行事・お知らせが必要な際　など

　介護保険制度では、サービスを提供する際には、利用者の意向を確認し、同意を得て行います。そこには説明と同意（インフォームド・コンセント）が求められます。利用者と家族の意向が異なる場合は、利用者が自身の意思を表出することが難しい状況も考えられます。また、家族の意向が利用者の意向にすり替えられてしまうこともあります。

　利用者本人がコミュニケーションを図ることが困難な場合に、時として家族の同意を得てサービスを提供することがあります。代理人である家族から同意を得るという行為は、もちろん認められてはいるのですが、それは必ずしも本人から同意を得たことと同じではありません。

　同意を得るために家族から意向を聞く際は、真意をしっかりと確認することが大切です。家族は、家族側から見た利用者の生活への希望や思いを述べることがあります。これは本人の思いというよりは、家族の願望ということになります。一方、家族が利用者の代弁者として意向を述べることもあります。これは、「たぶん本人は「○○してほしい」と思っているだろう」と、本人への共感的理解から希望を伝えるような状況です。「利用者の家族」としての意向なのか、「本人の代弁者」としての発言なのかを生活相談員は、きちんと把握しておくことが大切です。

表3-20 ● 利用者・家族への説明の仕方の基本

● プレゼンテーション スキルを活かした説明

話の内容だけでなく、図表、資料作成の技法など、伝達の仕方、視覚、聴覚に訴える
表現方法、態度も身につける必要がある

「いかに説明するか」ではなく、「何を理解してもらうか」
→相手の立場に立って説明し、理解を得ようと試みること

●「相互理解」「共有」を意識したコミュニケーション

「説明」とは、利用者・家族と職員間の互いの役割、責任所在、ルールを共有することが目的

曖昧な表現ではなく家族に理解しやすい言葉でていねいに伝える

● 利用者（家族）の「知る権利」を守る"権利擁護"

利用者や家族の状況を「言葉」で伝えることは利用者・家族と同じ情報を共有し本質的な連携を図るうえで重要なプロセス

一方通行のやり取りではなく双方向のやり取りができるよう、相手の様子（表情・言葉の抑揚・声のトーンなど）をよく観察しながら、安心を与えるつもりで話す

【4】家族からの苦情に発展しないための組織的な情報提供

　「苦情」に発展しないためには、家族とのコミュニケーションと日頃からの良好な関係づくりが大切です。しかし、家族のニーズもさまざまなため、一人ひとりの細かな要望をすべて受け入れることは困難です。こまめに情報を伝えたほうがよい人もいれば、頻回な連絡が「苦情」につながる人もいます。家族に対しても相手の状況を見ながら適度な距離感のなかで協力を求める必要があります。

　生活相談員は家族との連携・調整役ではありますが、状況によって他職種の協力を得ながら家族との関係を築いていきます。

【5】 生活相談員の役割と勘所

　利用者の家族への対応は、生活相談員に期待される重要な業務の一つです。利用者の生活については、利用者が自ら意思決定を行うことが望ましいのですが、ADLの低下や認知症の進行などにより、自分で決定し、自発的に生活を築いていくことのできる利用者ばかりではありません。「利用者」―「家族」―「事業者」の三者関係を構築するうえで、家族も生活相談員も重要な存在であるといえます。

　生活相談員は利用者を主体者としながら、家族の意向も大切にし、当事者の目線で支援の在り方を調整することが大きな役割となっています。

関連知識　＊第1章2　生活相談員の役割「傾聴」「受容と共感的理解」
　　　　　＊第2章事例3「代弁機能」

実習生の受け入れ 特養 デイ

特養やデイサービスなどの介護事業所は、人材育成の場としても積極的に門戸を開いています。介護事業所には、生活相談員をはじめ、看護職、介護職、ケアマネジャーなどの多職種が協働で業務を行っています。近年の人員不足の状況をふまえ、人材育成・後継者の育成という目的からも体系的な実習プログラムを準備し、実習に取り組むことが望まれます。

【1】 社会福祉士・介護福祉士の実習

① 概要

実習の目的は、社会福祉士や介護福祉士の指定養成校（大学や専門学校等）で学んだ知識や技術について、「わかる」を「できる」に変換するため、福祉現場で体験的な学びを得ることです。特養やデイサービスは、学生に対して実習の場を提供することで、社会福祉士や介護福祉士の養成に寄与することができます。

② 実習生の受け入れにあたって

実習生を受け入れるには、まず施設種別が、社会福祉士実習・介護福祉士実習の場として認められている必要があります。特養やデイサービスは厚生労働省の指定実習施設になっています。特養やデイサービスは、要請があった養成校や実習生との間で「実習契約」を結びます。

また実習施設は、学生が実習期間を通じて効果的な実習を行うことができるよう、専属の「実習指導者」を置くこととされています。これは社会福祉士・介護福祉士それぞれ基準が異なります。生活相談員は、主に社会福祉士実習にかかわります。

表3-21 ● 社会福祉士の実習指導者の要件

社会福祉士の資格を取得した後、相談援助の業務に３年以上従事した経験を有し、かつ「社会福祉士実習指導者講習会」の課程を修了したものであること

社会福祉士実習を行う場所は、表3-21に示す実習指導者が配置されている施設に限られます。もし実習指導者に異動等が生じた場合、他に実習指導者の要件を満たす人がいない時は、実習生も一緒に実習先を移動することになります。

③ 受け入れと実習プログラム

社会福祉士実習は、実習生が学習課程のなかで作成した「実習計画書」と実習施設が準備した3段階の「実習プログラム」に沿って行われます。「実習プログラム」は、「職場実習」「職種実習」「ソーシャルワーク実習」の3段階です。

表3-22 ● 3段階の実習プログラム

職場実習	人々の生活を支援する実習施設・機関が地域社会において、何を目的に設置され、どのような体制で援助がなされているのかを理解する段階
職種実習	ソーシャルワーカーが職種として担っている役割を理解する段階
ソーシャルワーク実習	利用者と環境との関係をアセスメントして、支援計画の作成に向けた取り組みを実施する段階。ソーシャルワーク実習では、実際にソーシャルワークのプロセスを「試行する」ことに主眼がある

資料：日本福祉大学社会福祉実習教育研究センター監修、浅原千里ほか編「ソーシャルワークを学ぶ人のための相談援助実習」p44-45、中央法規、2015より作成

【2】 生活相談員の役割と勘所

生活相談員は、日頃、実践している相談援助業務に実習生にかかわってもらうことで、ソーシャルワーク専門職としての意図的な学びの機会を作ります。実習指導者の立場であればもちろん、そうではなくても、生活相談員は、対人援助の基本をしっかりと体験的に学んでもらうためのスーパーバイザーとしての姿勢が重要です。

生活相談員は他職種との連携・調整を行う役割がありますが、実習生がどのような目的で実習に取り組んでいるのか、また他職種はどのようにかかわるのか、事前に申し入れておくことが必要です。

関連知識 ＊第2章事例8「事業所の運営管理機能」
＊第2章事例11「地域貢献活動のための地域連携・調整機能」

ボランティアの受け入れ 特養 デイ

特養やデイサービスなどの介護事業所は、地域を基盤として運営しています。事業種別ごとに、利用対象者やサービス内容は異なりますが、地域住民とともにこれからの共生社会を築いていく拠点であることは変わりません。この事業所と地域とをつなぐ一つの資源が「ボランティア」です。

ボランティアは、地域貢献活動を目的としたインフォーマルサポートの一つで、専門職ではないことから、職員とはまた違う立ち位置から、利用者へのかかわりが生まれることが期待されます。一方で、専門的な知識や技術があるわけではないので、予期せぬトラブルや事故が発生する可能性もあります。ボランティアを受け入れることは、事業所にとって、大きな利点がありますが、受け入れ側としての準備や調整が必要です。

【1】 ボランティア受け入れの目的

介護事業所は地域のなかにあり、そこで生活する利用者は、利用者である前に地域住民の一人です。利用者が地域から疎外されることなく、社会との接点を作っていくことが、事業所にとっても利用者にとっても大きな意味があります。事業所と地域をつなぐインフォーマルな資源の一つが、ボランティアなのです。

表3-23 ● ボランティア受け入れの目的

- フォーマルサポート（職員）とインフォーマルサポート（ボランティア）という異なる立ち位置の関係者のかかわりを生み出すことで、新たな相互作用が期待できる。
- 事業所の限られたマンパワーによる支援ではなく、ボランティアという余力を期待できる。
- 介護事業所が場所を提供することで、地域貢献活動に取り組みたいというボランティアの意向に沿うことができる。
- ボランティアが事業所に出入りすることで、地域に対して運営を可視化し、風通しのよい環境を整えることができる。

① 活動の受け付け

ボランティアの窓口を一元化し、窓口である生活相談員は、ボランティア団体の代表者または個人と連絡を取り合います。

② ニーズ調整

ボランティアの目的・力量・活動内容を把握し、事業所が求めている内容との調整を行います。

ボランティアの受け入れに際しては、ボランティア希望者、介護事業所の双方にとって過大な負担感がなく、よい関係性を作ることができるよう、意向のすり合わせをしておくことが大切です。後から、「こんなことなら受け入れなければよかった」と後悔しないよう、それぞれにとって望む内容になるよう調整します。

③ 活動内容の検討

ボランティア活動の目的や内容を検討し、生活相談員は「活動プログラム」を作成します。内容によっては介護職員に作成してもらいます。ボランティアの意向も聞き、両者にとって効果的な内容になるよう配慮が必要です。ボランティアへの指示・連絡など、職員間での役割分担、指示系統を明確にしておきます。

また、活動内容が具体的にまとまってきたら、ボランティア活動の計画書を作成してもらいます。特に決まった様式はありませんが、ボランティアの代表者の氏名、連絡先、来所人数、活動目的・内容、活動日時、担当職員などを記載してもらいます。

④ オリエンテーション

活動プログラムが決まったら、ボランティアに一度、来所してもらい、開始前のオリエンテーションを必ず行います。ボランティアといっても、利用者に直接、かかわることになるため、事業所の概要、制度上の位置づけ、利用者の特性や個別性に配慮したかかわりが必要なこと、活動を通じて知り得た情報には守秘義務があることなどを伝え、徹底を図ります。

【3】生活相談員の役割と勘所

　生活相談員は、事業所と地域とのパイプ役です。ボランティアの受け入れ・調整に際しても、単に事業所の外と中をつなぐというのではなく、「利用者木位」であるか、「地域貢献」に該当するかを常に意識する必要があります。ボランティア活動のコーディネートは、利用者がこれまでの生活で培ってきた社会性の維持にもつながる大切な役割の一つといえます。

関連知識
＊第2章事例7「福祉オンブズマン」
＊第2章事例10「ソーシャル・サポート・ネットワーク」
＊第2章事例11「地域貢献活動のための地域連携・調整機能」

第3章

生活相談員の業務実施マニュアル─業務の流れと留意点

④ 地域ケア会議への参加 デイ

　デイサービスの生活相談員が「サービス担当者会議」や「地域ケア会議」に出席する場合は、サービス提供を通じた「勤務時間」とみなされます。地域ケア会議とは、高齢者に対して地域のつながりを基盤としたなかで、専門職が中心となり、ケアチームとして連携し、情報共有を図るための会議です。

　高齢者が住み慣れた地域で、できる限り継続してその人らしい生活を送るためには、一人ひとりの高齢者の心身機能や生活環境などの変化に応じて、適切なサービス、多様性のある支援を行うことが必要です。そのためには、自助努力を基本にしながらも介護保険制度の利用を中心として医療・保健・福祉の相互連携が求められます。さらにはボランティアなどのインフォーマルな活動を含めた、地域のさまざまな社会資源を統合、ネットワーク化し、高齢者を継続的かつ包括的にケアすることが必要です。

　生活相談員には、地域包括ケアシステムにおけるキーパーソンであるコミュニティソーシャルワーカーとしての役割が期待されていることがわかります。

【1】地域ケア会議とは

　生活相談員は、特養やデイサービスにおける総括的な調整役というだけではなく、地域においても関係者との連携を図りながら調整を進めていく重要な役割を担っています。「地域ケア会議」について「自分には関係がない」と考えていた生活相談員もいるかも知れません。しかし、地域包括支援センターの3職種（保健師・主任ケアマネジャー・社会福祉士）と協力し、地域課題の発見および解決に向けて支援を展開することが期待されています。

図3-20 ●「地域ケア会議」の五つの機能

① 個別課題の解決	多職種が協働して個別ケースの支援内容を検討することによって、高齢者の課題解決を支援するとともに、介護支援専門員の自立支援に資するケアマネジメントの実践力を高める機能
② 地域包括支援ネットワークの構築	高齢者の実態把握や課題解決を図るため、地域の関係機関等の相互の連携を高め地域包括支援ネットワークを構築する機能
③ 地域課題の発見	個別ケースの課題分析等を積み重ねることにより、地域に共通した課題を浮き彫りにする機能
④ 地域づくり・資源開発	インフォーマルサービスや地域の見守りネットワークなど、地域で必要な資源を開発する機能
⑤ 政策の形成	地域に必要な取組を明らかにし、政策を立案・提言していく機能

出典：厚生労働省資料

　地域包括ケアシステムにおける地域ケア会議には、「①個別課題の解決」「②地域包括支援ネットワークの構築」「③地域課題の発見」「④地域づくり・資源開発」「⑤政策の形成」という五つの機能があります。これらの五つの機能をデイサービスに当てはめて考えてみましょう。

① 個別課題の解決

　個別課題の解決とは、デイサービスの看護師や介護職員、生活相談員など多職種が協働し、利用者の意向に沿った共通の「目標」の達成に向けて、実践力を高める機能です。生活相談員はこのケアマネジメントのPDCAサイクル（Plan/Do/Check/Action）を効果的に実践するための重要な役割を担います。

② 地域包括支援ネットワークの構築

　地域包括支援ネットワークの構築とは、デイサービスの利用者の実態を把握し、「地域課題への転換」を意識しながら地域関係者と連携を図るなかで情報提供・情報共有を進めていく機能です。

図3-21 ● 「地域ケア会議」の介護保険法上の位置づけ

1. 市町村が「地域ケア会議」を設置し、高齢者への適切な支援及び支援体制に関する検討を行うことを規定

市町村が包括的・継続的ケアマネジメント事業の効果的な実施のため「地域ケア会議」を置くよう法律に明記。
地域ケア会議を設置し、個別ケースの検討と地域課題の検討の両方を行うものであることを法律に明記。

(介護保険法115条の48第1項、第2項)

2. 地域ケア会議関係者からの協力を得やすい体制に

関係者の出席や資料・情報の提供など地域ケア会議の円滑な実施が可能に。

(介護保険法115条の48第3項、第4項)

3. 関係者への守秘義務を課すこと

関係者に対して法律上の守秘義務を課すことで、地域ケア会議で個別事例を扱うことに対して、利用者や家族からの理解が得やすくなる。参加者による情報交換等が円滑に行われるようになる。
※守秘義務違反の場合は一年以下の懲役・百万円以下の罰金。
→参加者に、守秘義務の取扱に関する周知が必要

(介護保険法115条の48第5項、205条第2項)

4. 具体的な会議の運営について市町村・センターにおいて従前どおり柔軟に行うことができる。

※上記の他、市町村は地域包括支援センターの運営に係る方針の提示の中で、地域ケア会議の運営方針についても規定している。(法第115条の47第1項、施行規則第140条の67の2)

市町村

↓設置

地域ケア会議

市町村・地域包括支援センターが主催

出席・協力依頼／地域ケア会議への出席・情報提供

ケアマネジャー・各サービス事業者

地域住民

保健医療関係者など

出典：厚生労働省資料

例えば、図3-21の「2. 地域ケア会議関係者からの協力を得やすい体制に」では、デイサービスの生活相談員が出席し、事業所の資料や情報の提供を行うことで、地域ケア会議でのケースのデータ集積・集約につながり円滑な実施が可能になります。

③ 地域課題の発見

地域課題の発見とは、デイサービスの利用者のケース課題の分析を積み重ねることで、地域の共通したニーズを浮き彫りにするニーズキャッチ機能です。生活

相談員はデイサービスの利用者の課題傾向などを日頃から分析し、把握しておくことが重要です。

④ 地域づくり・資源開発

「地域づくり・資源開発」は、デイサービスを取り巻く地域の関係者やボランティア、利用者家族・近隣住民などインフォーマルな社会資源を活かした地域資源の開発機能です。地域ケア会議には、さまざまな関係機関が参加します。これらの関係機関がもっているインフォーマル資源を地域ニーズへ活かすためのソーシャル・サポート・ネットワークを構築します。生活相談員はソーシャルワーク専門職として、積極的に地域資源の開発に携わることが期待されています。

⑤ 政策の形成

政策の形成とは、デイサービスの利用者の実態を通じて得られた地域課題や利用者特性などを明らかにして、政策を立案・提言していく機能です。生活相談員は地域ケア会議のメンバーとして、このソーシャルアクションのイニシアティブをとる役割があります。

【2】生活相談員の役割と勘所

デイサービスの生活相談員が「地域ケア会議」に参加し、関係者とネットワークを構築するということは、地域ニーズの発見や新たな地域づくりと密接に関係しています。生活相談員はデイサービスの内部（ミクロ）の連携・調整や総括的な旗振り役であるとともに、地域のキーパーソンでもあります。地域包括支援センターや居宅介護支援事業所のケアマネジャー、地域関係者と連携を図りながら、「自助・互助・共助・公助」を組み合わせた地域の新しいケア体制を整備する機能が期待されています。

関連知識　＊第2章事例4「多職種連携・調整機能」「ソーシャル・サポート・ネットワーク機能」

第3章　生活相談員の業務実施マニュアル—業務の流れと留意点

⑤ 地域関係者・関係機関との連携 特養 デイ

　特養やデイサービスなどの介護事業所は、地域に根差した事業所運営を行っています。地域からの理解がなければ適切な運営は実現しません。地域に点在するさまざまな関係者や関係機関と協力関係を築くことが、利用者にとっても地域にとっても、介護事業所にとっても利益につながります。その橋渡しの役割を担っているのが生活相談員です。

【1】「地域の理解」と「地域からの理解」

　「地域密着型サービス」「地域共生社会」「地域包括ケア」など、介護保険制度では、「地域」という言葉をよく目にします。地域という言葉自体はわかりますが、高齢者福祉における「地域」とはどのようなものなのでしょうか。

　もともと「地域」とは、区切られた土地などを意味する語句ですが、介護保険制度における「地域」とは、いわゆるスペースの意味ではなく、土地に根差した関係性、つまりコミュニティを意味しています。同じ土地で、暮らしを共にし、同じ文化を共有する関係者であり、相互関係を期待する向きが「地域」という言葉には含まれています。

　しかし、生活形態が多様化している現代では、昔から引き継がれてきた支え合いの文化が途絶えてしまった場所も多く、期待するほど良好な関係性にはないという地域もあります。今、生活相談員に求められているのは、事業所を福祉拠点として、改めて周辺地域を理解し、「地域から事業所を理解してもらう」という取り組みです。

【2】フォーマルサポートとインフォーマルサポート

　介護保険制度の居宅サービスや施設サービス、行政、社会福祉協議会、地域包括支援センター、居宅介護支援事業所、民間企業（福祉関連）、社会福祉職能団体などは、フォーマルサポート（公助）です。一方、地域によって異なりますが、民生委員や自治会、婦人会、学校PTA、民間企業（個人）、ボランティア組織や個人、新聞配達員、郵便配達員、コンビニエンスストアなどの店舗などは、インフォーマルサポート（互助・共助）といえます。

【3】　人脈づくりのすすめかた

関係づくりでは、まずはキーマンになる人を見極めましょう。インフォーマルサポートでは、自治会関係者など、地域住民に顔が広い人を訪問し、話をしてみましょう。事業所だけでなく、生活相談員についても知ってもらうことが大切です。

また、地域関係者とのネットワークづくりでは、準備が大切です。特養やデイサービスを地域福祉拠点として、そこに広がる地域の理解、そして地域からの理解を得るための土台づくりの活動です。

① 地域アセスメント：地域特性を把握するための基礎情報の収集

地域を理解するためには、まず、その地域の人口動態や高齢化率、高齢者世帯数、フォーマルサービス、インフォーマルサービスの数や種類、場所などを把握し、高齢者が地域で暮らすためのニーズを探ることが大切です。勤務する介護事業所が、地域にとってどのような社会資源として位置づけられているのかなど、事業所を俯瞰的に見ることにもつながります。

② ラポール形成：地域関係者との信頼関係づくり

地域特性を理解し、地域関係者や住民に、事業所を理解してもらうことが、信頼関係の形成には欠かせません。顔の見える関係づくりを進めるなかで、同心円状に人脈が広がっていきます。

③ 人脈づくり：地域への広報活動・プレゼンテーション活動

人脈づくりでもう一つ重要なことは、地域関係者との連携を図るために、一方的に協力を依頼するのではなく、それぞれの地域特性に基づき、事業所がどれだけ地域に寄与できるのかをプレゼンテーションし、互恵的関係であることを理解してもらうことです。互助や共助という支え合いの仕組みを作るうえで、特養やデイサービスという社会資源の存在が地域に貢献できることがあるという点を説明して理解を求めます。

例えば、認知症高齢者やひとり暮らしの高齢者の見守り、高齢者虐待防止、家族介護者への教育活動、活動場所の提供など、介護事業所が貢献できることは多々あります。

第3章　生活相談員の業務実施マニュアル—業務の流れと留意点

【4】 生活相談員の役割と勘所

　生活相談員には、事業所と地域、利用者と地域住民や社会資源とのつながりを築いていく役割があります。生活相談員の動きは幅広く、適切なタイミングで、さまざまな関係者との間に介入して業務を行うことが期待されています。

　そのためにも事業所内での業務については、臨機応変に動くことができるよう、他職種にも協力を求めながら、自身のスケジュールをマネジメントしていきましょう。

関連知識　＊第２章事例10「ソーシャル・サポート・ネットワーク」
　　　　　＊第２章事例11「地域アセスメント」

⑥ コンプライアンス（法令遵守）への取り組み

特養　デイ

　特養やデイサービスなどの介護サービスは、公共性の高い事業です。利用者の不利益とならないように、サービスの質を確保し、暮らしを守る責任があります。介護事業所には、法令でさまざまな基準が示されていますが、それらの基準を守ることを法令遵守（コンプライアンス）といいます。介護事業所には法令を遵守し、利用者の最善の利益を念頭に業務を行うことが義務づけられています。

【1】介護事業所におけるコンプライアンスの必要性

　介護事業所は、介護保険制度に沿ってサービスを提供しています。サービスは「ケアマネジメント」により展開されます。ケアマネジメントでは、「利用者」と「社会資源」とを結びつけ、どのような「加算」を得るのかということが、結果としてサービスの付加価値を生み、福祉に手厚い事業所としての評価にもつながります（もちろん基準に沿った加算の体制だけが高い評価につながるわけではありません）。

　介護保険制度では、介護事業所が守るべき基準を「厚生労働省令」によって示し、基本サービスと加算などの基準を遵守することで、サービスの質を担保しています。つまり法令を遵守することは、利用者に対しての「サービス提供の質の確保」に直結する重要な取り組みということになります。ただし、法令を遵守すればサービスの質を100%担保できるというわけではありません。専門職一人ひとりの役割の発揮や取り組みの姿勢が大切であることはいうまでもありません。

【2】特養・デイサービスが遵守するべき法令基準

　特養やデイサービスが遵守しなければならない法令・基準等は、表3-24、3-25の通りです。

表3-24 ● 介護保険法関係法令等

- 介護保険法
- 指定介護老人福祉施設の人員、設備及び運営に関する基準
- 指定居宅サービス等の事業の人員、設備及び運営に関する基準
- 厚生労働省「介護保険最新情報」　など

第3章　生活相談員の業務実施マニュアル—業務の流れと留意点

表3-25 ● 高齢者関係のその他法令

- 老人福祉法
- 社会福祉法
- 高齢者虐待防止法（高齢者に対する虐待の防止、高齢者の養護者に対する支援等に関する法律）
- 個人情報保護法（個人情報の保護に関する法律）

【3】 生活相談員の役割と勘所

生活相談員はソーシャルワーク専門職として、事業所全体の総括的な状況把握とサービスの質の確保に努めなければなりません。そのうえでコンプライアンスを徹底することは、生活相談員の中核業務の一つということができます。この業務は、一人で行うのではなく、各部署のリーダーなど中堅職員と協力・連携を図りつつ取り組む必要があります。

コンプライアンスに取り組む際の手順は、次の通りです。

図3-22 ● コンプライアンスに取り組む手順

①定期的に職員間で業務内容やサービスの質の評価（内部監査）を実施する。
　評価シートなどを作成し、部署ごとに自己点検を行う。
　↓
②法令に沿った記録物を整備する。記録の方法、記録の種類・様式などを再検討する。
　↓
③施設サービス計画・居宅サービス計画（ケアプラン）に沿った記録になっているか確認し、必要に応じて修正する。
　↓
④サービス内容・人員基準（シフト表）・サービス提供内容について、サービス提供実施記録を整備する。
　↓
⑤疑義照会など保険者（行政）の担当者・指導内容を記録する。

関連知識　＊第1章2　生活相談員の役割「利用者本位」
　　　　　＊第2章事例7「サービスの質のチェック機能」
　　　　　＊第2章事例8「事業所の運営管理機能」

事業所の広報活動 [特養] [デイ]

　介護保険制度の導入によって、利用者と事業者の「契約」による対等な立場での
サービスが開始しました。それは利用者だけでなく、利用者から選択される立場に
変わった事業者にとっても大きな変化をもたらしました。

　基本的には契約によるサービスではありますが、広報活動の面では、「介護」と
いう事業の性質上、一般企業のようなセールス活動は、事業所の信用や品位にかか
わる恐れもあります。一方で、ただ待っていたのでは、淘汰されてしまう可能性も
あり、各事業所ではさまざまな工夫をしています。

【1】利用率向上のための広報活動

　特養は、まだまだ入所待機者数が多数いますが、住まう形の多様化に伴い、地域
によっては競争が始まっています。一方、デイサービスは、ここ数年、生き残りを
かけた競争が激化しています。街頭で配られるポケットティッシュに、介護事業所
の案内が入っていて驚いたという経験もあります。

　広報活動は、ソーシャルワーク専門職の役割として行うものではありませんが、
事業所の内外を業務範囲としており、地域関係者とのネットワークの構築を進める
生活相談員が担当することが多いのではないでしょうか。

　広報のターゲットとしては、事業所を利用者や家族に紹介する人、つまり居宅介
護支援事業所のケアマネジャーや病院のMSWのほか、民生委員などの地域関係
者、そして当事者である高齢者とその家族になるでしょう。その他、不特定多数へ
の情報発信として、テレビCM、看板やポスターの設置、チラシのポスティングな
どを行っている事業所もあります。

　設備や立地の利便性なども重要ですが、やはりサービス内容や職員の姿勢が選択
のうえで重視されます。それは、例えば、苦情の内容として最も多いのが「サービ
スの質」、次いで「従事者の態度」となっていることからも明らかです（P158参
照）。つまり、結局のところ、利用者・家族は、職員の誠意ある対応、質の高い専
門的ケアを求めているということになるのです。これらをいかにしてチラシやホー
ムページ、口コミを通して周知できるかが広報活動のカギになります。

第3章　生活相談員の業務実施マニュアル—業務の流れと留意点

【2】 生活相談員の役割と勘所

　生活相談員は、「広報マン」ではありません。しかし、他の事業所との競争は避けられない問題でもあります。単に数字的な目標を達成するために広報活動をするのではなく、利用者にとっての最善の利益を追求するなかで、手抜きをせずに、ていねいにケアマネジメントに取り組んだ結果として事業が軌道に乗っているという状況が理想です。

　現場で働く職員は、事業所運営の仕組みや、今、事業所が置かれている状況を理解することが難しい場合があります。経営側と現場職員がしっかりと向き合い、理解し合うためのパイプ役となるのが生活相談員の役割です。また、「事業所の顔」として居宅介護支援事業所のケアマネジャーなど事業所を紹介してくれる関係者に、ありのままの事業所を知ってもらうための広報活動を行うことも重要な役割といえます。

　＊第2章事例7「直接援助・間接援助・関連援助」
　＊第2章事例8「事業所の運営管理機能」「ソーシャルアドミニストレーション」
　＊第2章事例10「ソーシャル・サポート・ネットワーク」

事業計画作成へのかかわり 特養 デイ

　特養やデイサービスの事業を計画的に運営することは、サービスの質の向上を図るうえで重要です。年度ごとに事業内容を振り返り、翌年には、課題を改善しながら、利用者にとっても職員にとっても、また関係する地域住民にとっても効果的な事業計画を立てることが望まれます。

　生活相談員は、利用者・家族、地域の関係者などとの関係性を活かし、行事の中核的な役割を担い、事業計画を進めていきます。

【1】事業計画づくりの進め方

　介護事業所の事業計画には、表3-26のような項目を記載します。

表3-26 ● **事業計画に必要な項目（例）**

- 法人理念
- 法人の事業目的
- 法人のビジョン

- 事業所運営の基本理念
- 基本方針
- 重点目標と計画（数値化）
- 会議計画
- 職員研修計画
- 実習生の受け入れ計画
- 個人情報の保護・情報開示への対応
- 苦情解決・要望への対応
- 身体拘束廃止計画

- 感染症対策
- 事故防止・緊急時の対応
- 医療的ケア・看取り介護実施計画
- 食事計画
- 日常生活支援計画
- リハビリテーション実施計画
- クラブ・余暇活動計画
- 地域貢献活動計画
- 年間行事計画　など

図3-23 ● 事業計画の進め方

 ① 年度を振り返り、総括を行う
↓
 ② 各部署長・リーダー層を中心に部署ごとに職員の意見を取りまとめて集約する
↓
 ③ 次年度の計画策定に着手する
↓
 ④ 決裁機関に議題として提出する
↓
⑤ 各部署長・リーダーに内示する
↓
 ⑥ 職員に周知徹底を図る
↓
 ⑦ 年度途中でも臨機応変に修正を図る

① 年度を振り返り、総括を行う

　年度の事業実績を部署ごとにまとめ、総括的に振り返りを行います。年度中に取り組んだ事業内容、利用者の状況、予算対実績、新規事業については、継続の見込みがあるか否かなどを詳細に検証します。

② 各部署長・リーダー層を中心に部署ごとに職員の意見を取りまとめて集約する

　事業計画の立案に携わるということは、事業計画に「わが事」として向き合うことになり、責任感も養われます。各部署長やリーダー職は、部署の職員をまとめ、事業計画に沿った運営を行うため重要な役割を果たします。一人ひとりが自分の担当部署をいかに運営するのか、各自、明確なビジョンをもって取り組めるよう、すべてをトップが仕切るのではなく、各部署長・リーダーにも一定の権限と責任のもとに、事業計画を立てることが大切です。

③ 次年度の計画策定に着手する

　次年度の事業計画の策定は、昨年同様に継続して取り組む事項に、次年度新たに取り組む事項を追加して、事業計画（案）とします。
　計画は、短期（１～２年）、中期（３～５年）、長期（６～10年）などのスパンで

区切り、短期・中期・長期的に、同じ方針・指針で進められるように、その時期までに何に取り組むのかを計画します。また管理職だけの意見ではなく、チームで策定した計画であるという意識がもてるよう、職員からの意見もできるだけ採用することが大切です。

④ 決裁機関に議題として提出する

事業所長（施設長・管理者）は、事業計画（案）の策定を終えたら、決裁機関へ承認を得るために議案を提出します。この議案は、理事会での決裁を受けます。

⑤ 各部署長・リーダーに内示する

各部署長やリーダー職は、事業運営の要となる重要な人材（人財）です。他の職員へ周知する前に、各部署長やリーダー職のコンセンサスを得ておき、そこから他の職員に伝えてもらい、徹底を図るようにします。生活相談員は、事業所の組織的な情報伝達の流れを重視しながら、周知徹底されるように、意図的に各部署長やリーダー職との意思確認を行います。職員に伝達したら、その都度、連絡してもらえるように依頼することもポイントです。

⑥ 職員に周知徹底を図る

決裁機関から承認が得られた事業計画について、各部署の職員への徹底を図ります。

⑦ 年度途中でも臨機応変に修正を図る

年度の途中であっても明らかに変更が必要な事項、利用者の生活の質の向上に欠かすことができないと判断された事項は、管理者を始めとする組織で検討したうえで、臨機応変に変更・追加等を行います。また、予算の修正が必要となる事項については、承認機関の了解を得たうえで、変更を行います。

【2】生活相談員の役割と勘所

　介護事業所にとって、運営方針は短期・中期・長期的視野で事業所の行く末を見定める重要な指針です。生活相談員は、事業所の運営管理機能の役割のなかで、事業計画の立案に携わり、各部門の課題や目標、業務計画などを話し合い、質の高い計画案となるよう、助言することが期待されます。各部署長にはそれぞれの考え方があるので、大枠だけ示し、一任する姿勢も大切ですが、法人や事業所の方針は、直接、職員の業務姿勢や利用者へのサービスに影響することを忘れないようにしましょう。事業計画は事業所（事業者）だけのものではなく、利用者・家族にとっても大切な「道しるべ」なのです。

　生活相談員には、「管理職」という立ち位置ではなく、事業所の管理的立場と現場職員の立場の間に立ち、パイプ役として、両者が相互に理解し合えるように働きかけることが期待されています。生活相談員がかかわることで、自身も事業所全体の指針を把握することになりますし、各部署の職員に、窓口としての役割を担っていることを知ってもらうことができます。生活相談員として求心力を高めるためにも事業所や法人全体の事業計画立案に携わることが大切です。

関連知識
＊第1章2　生活相談員の役割「利用者本位」
＊第2章事例4「多職種連携」
＊第2章事例8「事業所の運営管理機能」

9　防災・災害発生時の体制づくり 特養 デイ

　特養・デイサービスなどの介護事業所では、多数の要介護状態にある高齢者が生活しています。大きな地震や豪雨による水害が発生すると、多くの人命にかかわる事態になる可能性があります。自然災害の発生を防ぐことはできませんが、災害の犠牲をできるだけ最小限にとどめるための防災対策を図ることは可能です。限られた人員体制で多数の利用者に対応しなければならない状況を想定し、今、できることを検討し、備えることが大切です。

【1】他の事例に学ぶ防災対策

　災害は、常に想定外の形で発生するものです。東日本大震災を経て、防災・災害対策に対する意識はずいぶん変わりました。迅速に避難する手段・方法を検討したり、備蓄品の見直しや自家発電装置を整備したりと、各事業所なりの対策がとられています。

　具体的な事例についてはここでは言及しませんが、各自治体が「高齢者施設等の防災計画策定マニュアル」などを整備し、インターネット上に掲載しています。それらを参考にして、事業所の防災指針を立案するとよいでしょう。

【2】防災対策の実際

　特養やデイサービスの利用者は、災害が発生したとしても機敏に身を守るための行動をとることは困難です。防災・災害発生時の対策を検討する際は、利用者の立場に立ち、地域で起こり得る災害を具体的に想定することが大切です。委員会活動として防災対策に取り組んでいる事業所もあります。生活相談員は統括的な役割として、担当者と積極的に意見交換を行い、より現実的な防災対策の構築に向けてかかわることが望まれます。

　災害発生時には地域の協力も必要になります。ここでも地域の窓口である生活相談員の果たす役割はとても重要です。

①　災害マニュアルの整備

　介護事業所では「災害マニュアル」を整備します。災害マニュアルは、さまざまな関係者が活用するものです。誰が見てもわかりやすく、行動できるように、

第3章　生活相談員の業務実施マニュアル—業務の流れと留意点

簡潔で具体的な内容を心がけましょう。事業所の立地、地域性、社会資源などを確認し、マニュアルに盛り込む内容を検討しましょう。

表3-27 ● 想定される災害

● 地震　● 津波　● 高潮　● 河川氾濫　● 洪水　● 土砂崩れ　● 火山噴火　● 土石流
● 地割れ　● 液状化　● 暴風　● 落雷　● 竜巻　● 停電　● 火災　など

表3-28 ● 災害マニュアルの内容として検討すべき事項

● 事業所の立地（地理的位置、河川、海岸、山野など）
● 災害発生時の職員の連絡先、連絡手段（携帯電話以外の手段の有無）
● 避難場所、避難経路、避難の手段、避難開始基準（判断者）
● 地域の災害情報の入手先（テレビ、ラジオ、インターネット、気象庁、行政機関）
● 近隣関係機関との情報交換（担当者）
● 早期の業務復旧に向けて最優先させる業務（重度利用者の対応など）
● さまざまな災害を想定したシミュレーションに基づいた対応方法（昼間および夜間）

「災害マニュアル」は作成して一安心というものではありません。もともと災害時を想定（想像）して作成してあるので、実際にはどのような状況になるかはわかりません。介護事業所では、定期的な（少なくとも年2回）避難訓練が義務化されています。それらの訓練の際に、「災害マニュアル」に沿って実施してみて、マニュアルの問題点を洗い出し、改善を図ります。

② 地域との関係づくり

「災害マニュアル」の作成と並行して、地域関係者との連携システムを構築します。多くの要介護高齢者が過ごす特養やデイサービスでは、災害時に職員のマンパワーだけで対応するには、限界があります。そのため地域の介護施設や障害者施設、児童施設、保育所などが互いに協力し合う必要があります。

また地域住民組織や自治会・町内会、婦人会、PTA組織などと連携をとっておくことも重要です。すでに、横断的に連絡網を整備したり、非常時の食料備蓄や避難場所の確保などを確認し合ったりする協定を結んでいる地域もあります。生活相談員には、地域の関係者に声をかけ、相互に協力できる点はないか確認・検討する役割があります。

【3】生活相談員の役割と勘所

　防災・災害発生時の体制整備は、生活相談員が一人で取り組むわけではありません。しかし、非常事態では、誰かが窓口となって調整し、指示を出す必要があります。生活相談員がその場に居合わせないときには、代行する職員を決めておくなど、事業所内で災害対策の役割分担・避難指示等の命令系統を一元化できるようにしましょう。生活相談員は防災対策の旗振りという役目を担います。

 関連知識　＊第2章事例8「事業所の運営管理機能」
　　　　　　　＊第2章事例10「ソーシャル・サポート・ネットワーク機能」
　　　　　　　＊第2章事例11「地域連携・調整機能」

第3章　生活相談員の業務実施マニュアル―業務の流れと留意点

参考文献

- 安立清史「介護老人福祉施設における生活相談員の業務実態とその意識」九州大学アジア総合政策センター紀要、5、p223-237、2010
- 芳賀恭司「特別養護老人ホームにおけるソーシャルワークについて」東北福祉大学大学院総合福祉学研究科社会福祉学専攻紀要、4、p81-93、2006
- 井上祐子「高齢者福祉施設生活相談員が必要と認知する対人福祉サービスの構造化」評論・社会科学、93、p67-80、2010
- 石田博嗣「タイムスタディで捉えるレジデンシャル・ソーシャルワーク・コードの開発と研究―介護老人福祉施設における生活相談員と計画担当介護支援専門員の業務分析から」厚生の指標、57(1)、p6-14、2010
- 兼頭吉市「入所施設ケアとソーシャルワーク―特別養護老人ホ-ムでの実践から」ソーシャルワーク研究、12(1)、p10-15、1986
- 片山徹「高齢者入所施設における相談員のソーシャルワーク実践の現状と課題」総合福祉科学研究= Journal of Comprehensive Welfare Sciences、(4)、p81-91、2013
- 口村淳「他職種からみた生活相談員に期待される役割と課題―A法人系列の特養を対象にしたアンケート調査の分析」評論・社会科学 = Social science review、p1-13、2018
- 熊坂聡「特別養護老人ホームにおける生活相談員の業務のあり方について」山形短期大学紀要、41、p161-178、2009
- 峯田幸悦「多機能型特別養護老人ホームにおける生活指導員育成に関する一考察 ―16年間の現場実践を通して大学教育との関係を考える」社会福祉研究室報、6、p17-23、1996
- 水野邦夫「簡便な性格測定尺度の作成について―性格の5因子モデルをもとに」聖泉論叢、13、p13-23、2005
- 中村敏秀「社会福祉援助技術論の位相―ソーシャルワークとケアワークの関係を巡って」田園調布学園大学紀要、2、p1-13、2007
- 日本学術会議社会福祉・社会保障研究連絡会議、参考資料「ソーシャルワークが展開できる社会システムづくりへの提案」日本保健福祉学会誌、10(1)、p51-67、2003
- 岡本民夫・奥田いさよ「老人福祉分野におけるソーシャルワーカーの機能と業務―老人福祉施設生活指導員の職務分析調査を通じて」季刊老人福祉、(85)、p68-75、1989
- 佐藤八千子「ソーシャルワーカーの業務の実態と役割―日米の高齢者長期ケア施設の比較より」東海女子短期大学紀要、30、p102-111、2004
- 佐藤俊一・高橋信行「老人福祉施設の生活指導員の役割期待と現実―養護老人ホーム及び特別養護老人ホームの生活指導員と施設長に対するアンケート調査の結果を通してみた役割の分析」地域総合研究、23(2)、p19-73、1996

- 厚生労働省「社会福祉法人制度の在り方について（報告書）」2014
- 白澤政和「日本における社会福祉専門職の実践力―評価と戦略」社会福祉研究、(90)、p13-20、2004
- 白澤政和「介護福祉の本質を探る―ソーシャルワークとの関連で」介護福祉学、13(1)、p15-23、2006
- 周藤重夫「特別養護老人ホーム生活指導員論考―『施設ケアプランとケアマネジメント』メモ」介護支援専門員、(9)、p113-122、2002
- 高林正洋「老人ホームの種別における生活相談員の職務内容の違いに関する研究」福祉研究、(95)、p62-71、2006
- 東京都社会福祉協議会高齢者施設福祉部会「大都市東京・高齢者福祉施設から『15の緊急提言』」2010
- 上田正太「特別養護老人ホームにおける生活相談員の行うソーシャルワーク及びケアワーク実践に関する文献的研究」生活科学研究誌、11、p33-45、2012
- 上田正太・竹本与志人・岡田進一・白澤政和「特別養護老人ホームの生活相談員におけるケアワークの仮説的実践構造の検討」介護福祉学、19(1)、p51-61、2012
- 上田正太・竹本与志人・岡田進一・白澤政和「特別養護老人ホームの生活相談員が行うソーシャルワーク実践の構造に関する検討」ソーシャルワーク学会誌、(24)、p15-28、2012
- 和気和子「介護保険施設における施設ソーシャルワークの構造と規定要因―介護老人福祉施設と介護老人保健施設の相談員業務の比較分析を通して」厚生の指標、53(15)、p21-30、2006
- 米本秀仁「生活型福祉施設のソーシャルワークのゆくえと展望」ソーシャルワーク研究、38(2)、p80-90、2012
- 全国老人福祉施設協議会「特別養護老人ホームにおける介護支援専門員及び生活相談員の業務実態調査研究事業」2010
- 全国老人福祉施設協議会「特別養護老人ホームにおける認知症高齢者のBPSD改善に係るケアモデル調査研究事業報告書」2014
- 宮城県保健福祉部長寿社会政策課介護保険指導班「介護保険サービス事業所における非常災害対策マニュアル作成のポイント」2014
- 日本社会福祉士会編「新 社会福祉援助の共通基盤 第2版 上・下 」中央法規出版、2009
- 白澤政和「地域のネットワークづくりの方法―地域包括ケアの具体的な展開」中央法規出版、2013
- 岩間伸之「逐語で学ぶ21の技法―対人援助のための相談面接技術」中央法規出版、2008

- 口村淳「図解でわかる利益を生み出す相談員の段取りと実践」日総研出版、2018
- 足立里江「兵庫・朝来市発 地域ケア会議サクセスガイド―地域包括ケアシステムのカギが、ここにある！」メディカ出版、2015
- 西尾祐吾・大塚保信・古川隆司編著「災害福祉とは何か―生活支援体制の構築に向けて」ミネルヴァ書房、2010
- 高野範城・青木佳史編「法律家と実務家が多くの裁判例をもとに記す介護事故とリスクマネジメント」あけび書房、2004
- 山田滋「事故例から学ぶデイサービスの安全な介護」筒井書房、2008
- 山本雅司・石尾肇「医療・介護施設のためのリスクマネジメント入門」じほう、2004
- 成清美治・加納光子編「現代社会福祉用語の基礎知識　第12版」学文社、2015
- 田中大悟「よくわかる！介護施設での生活相談員の仕事」ナツメ社、2017
- 口村淳「『また利用したい』と言わせるショートステイ相談援助・運営管理」日総研出版、2015
- 梅沢佳裕「生活相談員―その役割と仕事力」雲母書房、2011
- 担当者会議向上委員会「サービス担当者会議マニュアル―準備から終了まで」中央法規出版、2012
- 渡部律子「高齢者援助における相談面接の理論と実際」医歯薬出版、1999
- 前川静恵「改訂版 デイサービス業務実践ハンドブック―すぐ使える様式と書き方のポイント」中央法規出版、2015
- 高室成幸監「チームが変わる！施設ケアプラン記載事例集」日総研出版、2011
- 梅沢佳裕「通所介護計画のつくりかた―わかりやすい、つかいやすい、作成術！」雲母書房、2013
- 榊原宏昌「居宅＆施設ケアプラン 立案の方程式」日総研出版、2014
- 大田区通所介護事業者連絡会編「デイサービス生活相談員業務必携」日総研出版、2011
- 神奈川県高齢者福祉施設協議会編「高齢者福祉サービス―生活相談援助・業務マニュアル」中央法規出版、2007
- 東京都社会福祉協議会高齢者施設福祉部会編「生活相談員業務指針08」社会福法人東京都社会福祉協議会、2008
- 社会福祉士養成講座編集委員会編「新・社会福祉士養成講座　相談援助の理論と方法Ⅰ　第3版」中央法規出版、2015
- 日本福祉大学社会福祉実習教育研究センター監「ソーシャルワークを学ぶ人のための相談援助実習」中央法規出版、2015

著　者

梅沢佳裕 （うめざわ・よしひろ）

健康科学大学健康科学部 准教授
社会福祉士、介護支援専門員、福祉住環境コーディネーター２級

東北福祉大学社会福祉学部、日本福祉大学大学院社会福祉学専攻修了、社会福祉学修士。
介護専門学校の助教員を経て、特別養護老人ホーム、在宅介護支援センターの相談員を歴任。その後、デイサービスやグループホームの立ち上げにかかわり、管理者となる。2008年に「福祉と介護研究所」を設立。2017年より社名を「福祉と介護研究会35」へと変更し、介護職員・生活相談員・ケアマネジャーなど実務者へのスキルアップ研修を行う（2019年に閉鎖）。2018年4月より日本福祉大学助教。2019年４月より現職。
著書に、「施設職員のための介護記録の書き方」「生活相談員—その役割と仕事力」「通所介護計画のつくりかた—わかりやすい、つかいやすい、作成術！」（いずれも雲母書房）、「生活リハビリ式記録のススメ」（共著、ブリコラージュ：筒井書房）など多数。監修として、「早わかり介護なんでも解決事典」（主婦の友社）、「そのまま使える！介護記録の書き方＆文例集」（西東社）がある。

謝　辞

本書の発行にあたりまして、編集の須貝牧子さんをはじめ、中央法規出版の皆さまに多大なるご尽力をいただきましたこと、心より感謝申し上げます。

役割が見える、業務の進め方がわかる

特養・デイサービスの生活相談員 仕事ハンドブック

2020年9月10日　初　版　発　行
2023年1月25日　初版第2刷発行

著　者　　梅沢佳裕
発行者　　荘村明彦
発行所　　中央法規出版株式会社
　　　　　〒110-0016　東京都台東区台東3-29-1　中央法規ビル
　　　　　TEL 03-6387-3196
　　　　　https://www.chuohoki.co.jp/

装　丁　　　　澤田かおり（トシキ・ファーブル）
本文デザイン　澤田かおり＋トシキ・ファーブル
イラスト　　　藤田侑巳
印刷・製本　　株式会社ルナテック

定価はカバーに表示してあります。
ISBN978-4-8058-8198-9

本書のコピー、スキャン、デジタル化等の無断複製は、著作権法上での例外を除き禁じられています。また、本書を代行業者等の第三者に依頼してコピー、スキャン、デジタル化することは、たとえ個人や家庭内での利用であっても著作権法違反です。
落丁本・乱丁本はお取り替えいたします。
本書の内容に関するご質問については、下記URLから「お問合わせフォーム」にご入力いただきますようお願いいたします。
https://www.chuohoki.co.jp/contact/